H. GLESS 1973

LA COMTESSE

DE CHARNY

PAR

ALEXANDRE DUMAS

19

PARIS
ALEXANDRE CADOT, ÉDITEUR
37, rue Serpente

1855

LA COMTESSE DE CHARNY

Ouvrages de Lafresnaye.

Le baron Lagazette	5 vol.
Le chevalier de Pampelonne	5 vol.
Mademoiselle de Cardonne	3 vol.
Les Prétendans de Catherine	5 vol.
La Tour de Dago	5 vol.
Le Bout de l'oreille	7 vol.
Un Ami diabolique	3 vol.
Médino	2 vol.
La Marquise de Candeuil	2 vol.
Le Légataire	2 vol.
Le dernier des Kerven	2 vol.
Les Péchés mignons	5 vol.

Ouvrages divers.

Le Coureur des bois, par Gabriel Ferry	7 vol.
Les Enfants à la ....., par André Thomas	2 vol.
Le Mauvais Monde, par Adrien Robert	2 vol.
Une Bande de ...., par	5 vol.
La famille Anglaise, par Paul Féval	3 vol.
Louspillac et ...., par le même	1 vol.
Le Tueur de Tigres, par Paul Féval	2 vol.
Une Vieille Maîtresse, par Barbey d'Aurevilly	3 vol.
Les Princes d'Ebène, par G. de la Landelle	5 vol.
L'Honneur de la famille, par le même	2 vol.
Un beau Cousin, par Marieville Ferri.	2 vol.
Le .... d'une femme, par A.	. vol.
.... par Mme Charles de	. vol.
Le Mari ...., par madame Sophie Gay	. vol.
Georges III, par	. vol.
Sous trois ...., par .... de Lave...	2 vol.
Trois reines, par	. vol.

Fontainebleau, imp. de E. Jacquin.

I

Le Procès.

(Suite.)

Le maire s'approcha de lui.

— Avez-vous faim? Monsieur, lui demanda-t-il, et voulez-vous prendre quelque chose?

— Je vous remercie, dit le roi, avec un geste de refus.

Mais presque aussitôt voyant un grenadier tirer un pain et en donner la moitié au procureur de la Commune, Chaumette, il s'approcha de celui-ci.

— Voulez-vous bien me donner un morceau de votre pain, Monsieur? lui demanda-t-il.

Mais, comme il avait parlé à voix basse, Chaumette se recula.

— Parlez tout haut, Monsieur, lui dit-il.

— Oh! je puis parler tout haut, dit le

roi avec un sourire triste, je demande un morceau de pain.

— Volontiers, répondit Chaumette.

Et lui tendant son pain :

— Tenez, rompez, dit-il, c'est un déjeuner de Spartiate. Si j'avais une racine je vous en donnerais la moitié.

On descendit dans la cour.

A la vue du roi, le refrain de la *Marseillaise* :

Qu'un sang impur, abreuve nos sillons,

éclata de tous les côtés.

Louis XVI pâlit légèrement et remonta en voiture.

Là, il se mit à manger, mais la croûte de son pain seulement. La mie lui resta dans la main, et de cette mie, il ne savait que faire.

Le substitut la lui prit des mains et la jeta par la portière.

— Ah! c'est mal, dit le roi, de jeter ainsi le pain, surtout au moment où il est si rare.

— Et comment savez-vous qu'il est rare, dit Chaumette? vous n'en manquez cependant pas, vous.

— Je sais qu'il est rare, parce que celui que l'on me donne, sent un peu la terre.

— Ma grand'mère, reprit Chaumette, me disait toujours : « Petit garçon, il ne faut jamais perdre une mie de pain, car vous ne pourriez pas en faire venir autant. »

— Monsieur Chaumette, reprit le roi, votre grand'mère était, à ce qu'il me paraît, une femme d'un grand sens.

Il se fit un silence, Chaumette était muet, enfoncé dans la voiture.

— Qu'avez-vous, Monsieur? demanda le roi, vous pâlissez.

— En effet, répondit Chaumette, je ne me sens pas bien.

— Peut-être est-ce le roulis de la voiture qui va au pas, demanda le roi.

— Peut-être, en effet.

— Avez-vous été sur mer?

— J'ai fait la guerre avec Lamothe-Piquet.

— Lamothe-Piquet, dit-il, c'était un brave.

Et ce fut à son tour le roi qui se tut.

A quoi rêvait-il? A sa belle marine, victorieuse dans l'Inde ; à son port de Cherbourg conquis sur l'Océan ; à son splendide costume d'amiral, rouge et or, si différent de celui qu'il portait à cette heure ; à ses canons hurlant de joie sur son passage aux jours de sa prospérité.

Il était loin de là, le pauvre Louis XVI. Cahoté dans ce mauvais fiacre, marchant au pas, fendant avec lui les flots du peuple qui se pressait pour le voir, mer infecte et houleuse dont la marée montait des égoûts de Paris ; clignotant des yeux au grand jour, avec sa barbe longue aux poils rares d'un blond fade, et ses joues maigries pendantes sur son col replet; vêtu d'un habit gris, d'une redingote sombre, et disant, avec cette mémoire automatique des enfants et des Bourbons :

— Ah! voilà telle rue; et puis telle rue, et puis telle rue.

Arrivé à la rue d'Orléans :

— Ah! dit-il, voilà la rue d'Orléans.

— Dites la rue Égalité, lui répondit-on.

— Ah! oui, fit-il, à cause de Monsieur..

Il n'acheva pas, retomba dans le silence, et, de la rue Égalité au Temple, il ne prononça plus une seule parole.

II

La légende du roi martyr.

Le premier soin du roi en arrivant, avait été de demander qu'on le conduisît à sa famille.

On lui répondit qu'il n'y avait pas d'ordre à ce sujet.

Louis comprit que, comme tout condamné à qui l'on fait un procès mortel, il était mis au secret.

— Prévenez au moins la reine de mon retour, demanda-t-il.

Puis, sans se préoccuper des quatre municipaux qui l'entouraient, il se mit à sa lecture habituelle.

Le roi avait encore un espoir, c'est qu'à l'heure du souper, sa famille monterait chez lui.

Il attendit vainement, personne ne parut.

—Au moins, demanda le roi, mon fils passera la nuit chez moi, puisque ses effets sont ici.

Hélas! le prisonnier n'avait même plus, à l'endroit de son fils, cette certitude qu'il affectait d'avoir.

On ne répondit pas plus à cette question, que l'on n'avait fait aux autres.

— Allons, dit le roi, couchons-nous, alors.

Cléry déshabilla le roi comme de coutume.

— Oh! Cléry, dit le roi, j'étais loin de

m'attendre aux questions qu'ils m'ont faites.

Et, en effet, presque toutes les questions faites au roi, avaient leur source dans l'armoire de fer, et le roi, ignorant la trahison de Gamain, était bien loin de croire que l'armoire de fer fut découverte.

Et cependant il se coucha, et à peine couché, s'endormit avec cette tranquillité qui, dans certaines circonstances, ressemblait à de la léthargie.

Il n'en fut pas de même des autres prisonniers.

Ce secret absolu était pour eux effroyablement significatif.

C'était le secret des condamnés.

Puis le dauphin avait son lit et ses effets chez le roi.

La reine coucha l'enfant dans son propre lit, et toute la nuit debout au chevet, le regarda dormir.

Sa douleur était si morne, cette pose ressemblait tellement à celle de la statue d'une mère près du tombeau de son fils, que madame Elisabeth et madame Royale, résolurent de passer la nuit sur des chaises, près de la reine, debout.

Mais les municipaux intervinrent et forcèrent les deux femmes de se coucher

Le lendemain, pour la première fois, la reine pria non pas Dieu mes ses gardiens.

Elle demandait deux choses :

A voir le roi.

A recevoir les journaux pour être tenue au courant du procès.

Ces deux demandes furent portées au conseil.

L'une fut refusée complétement, celle des journaux.

L'autre fut accordée à moitié.

La reine ne pouvait plus voir son mari, ni la sœur son frère.

Mais les enfants pouvaient voir leur père, à la condition qu'ils ne verraient plus leur mère ni leur tante.

On porta cet ultimatum au roi.

Il réfléchit un instant,

Puis avec sa résignation accoutumée :

— Non, dit-il, quelque bonheur que j'éprouve à voir mes enfants, je renoncerai à ce bonheur; la grande affaire qui m'occupe, m'empêcherait d'ailleurs de leur consacrer le temps dont ils ont besoin, les enfants resteront près de leur mère.

Sur cette réponse, on monta le lit du dauphin dans la chambre de sa mère, laquelle à son tour ne quitta ses enfants que lorsqu'elle alla se faire condamner par le tribunal révolutionnaire, comme le roi allait se faire condamner par la Convention.

Il fallait s'occuper des moyens de communiquer malgré le secret.

Ce fut encore Cléry qui se chargea d'organiser les correspondances avec l'aide d'un serviteur des princesses, nommé Turgy.

Turgy et Cléry se rencontraient dans l'exercice de leurs fonctions.

Mais la surveillance des municipaux rendait tout échange de paroles difficile entre eux.

L'échange des paroles se bornait d'ordinaire à ces mots :

— Le roi va bien.

— La reine, les princesses et les enfants vont bien.

Cependant, un jour, Turgy remit un petit billet à Cléry.

— Madame Elisabeth me l'a rendu dans sa serviette, dit-il.

Cléry courut porter le billet au roi.

Il était tracé avec des piqures d'épingles.

Depuis longtemps les princesses n'avaient plus ni encre, ni plumes, ni papiers.

Il contenait ces quelques lignes :

—Nous nous portons bien, mon frère, écrivez-nous à votre tour.

Le roi répondit, car depuis l'ouverture du procès, on lui avait rendu plume, encre et papier.

Puis il remit la lettre tout ouverte à Cléry.

— Lisez, mon cher Cléry, lui dit-il, et vous verrez que ce billet ne contient rien qui puisse vous compromettre.

Cléry refusa respectueusement de lire et repoussa en rougissant la main du roi.

Dix minutes après, Turgy avait la réponse.

Le même jour, Turgy en passant devant la chambre de Cléry, fit par la porte entr'ouverte de cette chambre rouler jusque sous le lit un peloton de fil.

Le peloton de fil recouvrait un second billet de madame Elisabeth.

C'était un moyen indiqué.

Cléry repelotona le fil autour d'un billet du roi, et mit le peloton dans l'armoire aux assiettes.

Turgy le prenait et remettait les réponses au même endroit.

Seulement, à chaque fois que son valet de chambre lui donnait quelque nouvelle preuve de fidélité ou d'adresse de ce genre, le roi secouait la tête en disant :

— Prenez garde, mes amis, c'est vous exposer...

Mais le moyen était en effet trop précaire.

Cléry en chercha un autre.

Les commissaires remettaient au roi la bougie en paquets ficelés. Cléry garda soigneusement les ficelles, et lorsqu'il en eut une quantité suffisante, il annonça au roi qu'il avait un moyen de rendre sa correspondance plus active.

C'était de faire passer sa ficelle à madame Elisabeth : madame Elisabeth qui couchait au-dessus de lui et qui avait une fenêtre correspondante verticalement à celle d'un petit corridor qui communiquait à la chambre de Cléry, pouvait pendant la nuit, suspendre ses lettres à cette ficelle, et par le même moyen, recevoir celles du roi.

Un abat-jour retourné masquait chaque fenêtre et ne permettait pas de craindre que les lettres tombassent dans le jardin.

En outre, on pouvait à cette même ficelle, attacher plume, papier et encre, ce qui dispenserait les princesses d'écrire avec des pointes d'épingles.

Les prisonniers purent donc avoir chaque jour des nouvelles : les princesses du roi, — le roi des princesses et de son fils.

Au reste, la position du roi s'était moralement fort empirée depuis qu'il avait comparu devant la Convention.

On avait cru généralement deux choses :

Ou que, suivant l'exemple de Charles Ier, dont il savait si bien l'histoire devant le Parlement, le roi refuserait de répondre à la Convention.

Ou que, s'il répondait, il répondrait hautement, fièrement, au nom de la royauté, non pas comme un accusé qui subit un jugement, mais comme un chevalier, qui accepte le défi et ramasse le gant du combat.

Par malheur pour lui, Louis XVI n'était point de nature assez royale pour s'arrêter à l'un ou à l'autre de ces deux partis.

Il répondit comme nous avons dit, — mal, timidement, gauchement, et, sentant que devant toutes ces pièces dont il ignorait l'existence entre les mains de ses ennemis, il s'enferrait, il finit par demander un conseil.

Après une délibération tumultueuse qui suivit le départ du roi, le conseil fut accordé.

Le lendemain, quatre membres de la Convention, nommés commissaires à cet effet, allèrent s'informer au roi quel était le conseil choisi par lui.

— M. Target, répondit le roi.

Les commissaires se retirèrent et l'on prévint M. Target de l'honneur que lui faisait le roi.

Chose inouïe, cet homme, — homme d'une grande valeur, ancien membre de la Constituante, un de ceux qui avaient pris la part la plus active à la rédaction de la Constitution, — cet homme eut peur.

Il refusa timidement, lâchement, pâlissant de crainte devant son siècle, pour rougir de honte devant la postérité.

Mais dès le lendemain du jour où le roi avait comparu, le président de la Convention recevait cette lettre :

« Citoyen président,

« J'ignore si la Convention donnera à Louis XVI un conseil pour le défendre et si elle lui en laissera le choix, dans ce cas je désire que Louis XVI sache que s'il me choisit pour cette fonction, je suis prêt à m'y dévouer. Je ne vous demande pas, de faire part à la Convention de mon offre, car je suis éloigné de me croire un personnage assez important pour qu'elle s'occupe de moi ; mais j'ai été appelé deux fois au conseil de celui qui fut mon maître, dans le temps où cette fonction était ambitionnée par tout le monde ; je lui dois le même service lorsque c'est une fonction que bien des gens trouvent dangereuse.

« Si je connaissais un moyen possible pour lui faire connaître mes intentions, je ne prendrais pas la liberté de m'adresser à vous.

« J'ai pensé que dans la place que

vous occupiez, vous aviez plus que personne moyen de lui faire passer cet avis.

« Je suis avec respect, etc, etc.

« Malesherbes. »

Deux autres demandes arrivèrent en même temps.

Une d'un avocat de Troyes, M. Sourdat, — je suis, disait-il, hardiment porté à défendre Louis XVI, par le sentiment que j'ai de son innocence.

L'autre, d'Olympe de Gouge, l'étrange improvisatrice méridionale qui dictait ses comédies, parce que, disait-on, elle ne savait pas écrire.

Olympe de Gouge s'était fait l'avocat des femmes, elle voulait qu'on leur donnât les mêmes droits qu'aux hommes, qu'elles puissent être nommées députés, discuter les lois, déclarer la paix et la guerre.

Et elle avait appuyé sa prétention d'un mot sublime.

— Pourquoi les femmes, avait-elle dit, ne monteraient-elles pas à la tribune ? elles montent bien à l'échafaud.

Elle y monta en effet, la pauvre créature, mais au moment où fut prononcé le jugement, elle redevint femme, c'est-à-dire faible, et voulant profiter du bénéfice de la loi, elle se déclara enceinte.

Le tribunal renvoya la condamnée à une consultation de médecins et de sages-femmes.

Le résultat de la consultation fut que s'il y avait grossesse, cette grossesse était trop récente pour qu'on put la constater.

Devant l'échafaud elle redevint homme et mourut comme devait mourir une femme comme elle.

Quand a M. de Malesherbes, c'était ce même Lamoignon de Malesherbes qui avait été ministre avec Turgot et était tombé avec lui, nous l'avons dit ailleurs,

c'était un petit homme de soixante-dix
à soixante-douze ans, né naturellement
gauche et distrait, rond, vulgaire, vrai figure d'apothicaire, dit Michelet, et dans
lequel on était loin de soupçonner un
héroïsme des temps antiques.

Devant la Convention il n'appela jamais le roi que *sire*.

— Qui te rends si hardi de parler ainsi
devant nous? demanda un conventionnel.

— Le mépris de la mort, répondit simplement Malesherbes.

Et il la méprisait bien cette mort à
laquelle il marcha en causant avec ses
compagnons de charrette, et qu'il reçut
comme s'il ne devait, selon le mot de

M. Guillotin, qu'éprouver en la recevant une légère fraîcheur sur le cou. Le concierge de Monceaux, c'était à Monceaux que l'on portait les corps des suppliciés, le concierge de Monceaux constata une singulière preuve de ce mépris.

Dans le gousset de la culotte de ce corps décapité il trouva la montre de Malesherbes, elle marquait deux heures.

Selon son habitude il l'avait remontée à midi, c'est-à-dire, à l'heure où il marchait à l'échafaud.

Le roi, à défaut de Target, prit donc Malesherbes et Tronchet, ceux-ci pressés par le temps, s'adjoignirent l'avocat Desèze

Le 14 décembre on annonça au roi qu'il avait permission de communiquer avec ses défenseurs et que le même jour il recevrait la visite de M. de Malesherbes.

Ce dévouement l'avait fort touché, si peu accessible que le fît son tempérement à ces sortes d'émotions.

En voyant venir à lui avec une simplicité sublime ce vieillard de soixante-dix ans, le cœur du roi se gonfla, et ses bras, ces bras royaux qui se dessèrent si rarement s'ouvrirent, et tout en larmes :

— Mon cher monsieur de Malesherbes, dit le roi, venez m'embrasser.

Puis après l'avoir affectueusement serré sur sa poitrine.

— Je sais à qui j'ai affaire, continua le roi. Je m'attends à la mort et suis préparé à la recevoir, tel que vous me voyez, et je suis bien tranquille, n'est-ce pas, eh bien tel que vous me voyez ! je marcherai à l'échafaud.

Le roi, après quelques difficultés soulevées par les municipaux, put enfin, en vertu du décret de la Convention, communiquer secrètement avec ses défenseurs.

Le 16, on annonça une députation.

Elle se composait de quatre membres de la Convention.

C'étaient, Valazé, Cochon, Grandpré et Duprat.

On avait nommé vingt-un députés pour examiner le procès du roi. Tous quatre faisaient partie de cette commission.

Ils apportaient au roi son acte d'accusation et les pièces relatives à son procès.

La journée fut employée tout entière à la vérification de ces pièces.

Chaque pièce était lue par le secrétaire.

Après chaque pièce, Valaré disait :

— Avez-vous connaissance ?

Le roi répondait *oui* ou *non*.

Et tout était dit.

Quelques jours après, les mêmes commissaires revinrent et firent lecture au roi de cinquante-et-une pièces nouvelles, que le roi signa et parapha comme les précédentes.

En tout cent cinquante-huit pièces dont on lui laissa les copies.

Sur ces entrefaites, le roi fut atteint d'une fluxion.

Il s'était souvenu de ce salut de Gilbert au moment où il était entré à la Convention.

Il demanda à la Commune qu'il fût permis à son ancien médecin Gilbert de lui faire une visite.

La Commune refusa.

— Que Capet ne boive plus d'eau glacée, dit un de ses membres, et il n'aura pas de fluxion.

C'était le 26 que le roi devait, pour la seconde fois, paraître à la barre de la Convention.

Sa barbe avait grandi. Nous avons dit que cette barbe était laide, blondasse, mal plantée.

Louis demanda ses rasoirs. Ce fut tout une négociation. Ils lui furent rendus, mais à la condition qu'il ne s'en servirait que devant quatre municipaux.

Le 25, à onze heures, le roi se mit à son testament.

Cette pièce est tellement connue, que, toute touchante et chrétienne qu'elle soit, nous ne la consignons pas ici.

Deux testaments ont souvent attiré notre attention.

Le testament de Louis XVI, qui se trouvait en face de la république et qui ne voyait que la royauté.

Le testament du duc d'Orléans, qui se trouvait en face de la royauté et qui ne voyait que la république.

Nous citerons seulement une phrase du testament de Louis XVI, parce qu'elle nous aidera à éclaircir une question de *point de vue.*

Chacun voit, dit-on, non pas selon la réalité de la chose, *mais selon le point de vue où il est placé.*

« Je finis, dit le roi, en déclarant devant Dieu et prêt à paraître devant lui, que je ne me reproche aucun des crimes qui sont avancés contre moi. »

Maintenant comment Louis XVI, à qui la postérité a fait une réputation d'honnête homme, qu'il doit peut-être d'ailleurs à cette phrase; comment Louis XVI, parjure à tous ses serments, fuyant à l'étranger en laissant une protestation contre les serments faits; comment Louis XVI, après avoir discuté, annoté, apprécié les plans de Lafayette et de Mirabeau; appelant l'ennemi au cœur de la France; comment Louis XVI, prêt à paraître enfin, comme il le dit lui-même, devant le Dieu prêt à le juger; croyant par conséquent à ce Dieu, à sa justice, à la rémunération des bonnes et des mauvaises actions ; comment Louis XVI peut-il dire :

Je ne me reproche aucun des crimes qui sont avancés contre moi ?

Eh bien ! la construction même de la phrase l'explique.

Louis XVI ne dit pas :

— *Les crimes que l'on avance contre moi sont faux.*

Non, il dit :

Je ne me reproche aucun des crimes que l'on avance contre moi.

Ce qui n'est pas du tout la même chose.

Louis XVI, prêt à marcher à l'échafaud, est toujours l'élève de M. de Lavauguyon.

Dire :

Les crimes que l'on avance contre moi sont faux, c'était nier ces crimes.

Et Louis XVI ne pouvait les nier.

Dire : *Je ne me reproche aucun des crimes que l'on avance contre moi,*

C'était, à la rigueur, dire : Ces crimes

existent, mais je ne me les reproche pas.

Et pourquoi Louis XVI ne se les reprochait-il pas?

Parce qu'il était placé, comme nous l'avons dit tout-à-l'heure, au point de vue de la royauté.

Parce que, grâce au milieu dans lequel ils sont élevés, grâce à ce sacre de la légitimité, à cette infaillibilité du droit divin, les rois ne voient pas les crimes, et surtout les crimes politiques au même point de vue que les autres hommes.

Ainsi, pour Louis XI, sa révolte contre

son père n'est pas un crime. *C'est la guerre du bien public.*

Ainsi, pour Charles IX, la Saint-Barthélemy n'est pas un crime. *C'est une mesure conseillée par le salut public.*

Ainsi, aux yeux de Louis XIV, la révocation de l'édit de Nantes n'est pas un crime. C'est tout simplement *une raison d'État.*

Ce même Malesherbes, qui, aujourd'hui défendait le roi, autrefois, étant ministre, avait voulu réhabiliter les protestants.

Il avait trouvé dans Louis XVI une résistance obstinée.

— Non, lui répondait le roi, non, la proscription des protestants, c'est une *loi d'État*, une loi *de Louis XIV*; ne déplaçons pas les bornes anciennes.

— Sire, répondait Malesherbes, la politique ne prévaut jamais contre la justice.

— Mais, s'écriait Louis XVI comme un homme qui ne comprend pas, où est donc dans l'édit de Nantes l'atteinte portée à la justice ? la révocation de l'édit de Nantes ? n'est-ce point *le salut de l'État*..

Ainsi, pour Louis XVI, cette persécution des protestants, excitée par une vieille dévote et par un jésuite haineux, cette mesure atroce qui a fait couler le sang par ruisseaux dans les vallées Cevénoles, qui a allumé les bûchers de Nismes, d'Alby, de Béziers, c'était, non pas un crime, mais au contraire, une raison d'État.

Puis il y avait encore une autre chose qu'il faut examiner au point de vue royal.

C'est qu'un roi, né presque toujours d'une princesse *étrangère*, où il puise le meilleur de son sang, est à peu près *étranger* a son peuple.

Il le gouverne, voilà tout.

Et encore par qui le gouverne-t-il, par ses ministres.

Ainsi, non-seulement le peuple n'est pas digne d'être son parent, n'est pas digne d'être son allié, mais encore n'est pas digne d'être gouverné directement par lui.

Tandis qu'au contraire les souverains étrangers sont les parents et les alliés du roi, qui n'a ni parents ni alliés dans son royaume.

Tandis qu'il correspond directement avec eux et qu'à leur endroit les ministres n'existent pas.

Bourbons d'Espagne, Bourbons de Naples, Bourbons d'Italie remontaient à la même souche.

— Henri IV.

Ils étaient cousins.

L'empereur d'Autriche était beau-frère, les princes de Savoie étaient alliés.

Louis XVI était saxon par sa mère.

Or, le peuple étant arrivé à vouloir imposer à son roi des conditions que celui-ci ne croyait pas de son intérêt de suivre, à qui en appellait Louis XVI contre ses sujets révoltés?

A ses cousins, à ses beaux-frères, à ses alliés; pour lui, les Espagnols et les Autrichiens, ce n'étaient pas les ennemis de la France, puisqu'ils étaient ses parents, ses amis à lui, *le roi :* et au point de vue de la royauté, le roi c'est la France.

Ces rois que venaient-ils défendre ?

La cause sainte, inattaquable, presque divine de la royauté.

Voilà comment Louis XVI ne se reprochait point les crimes que l'on avançait contre lui.

Au reste l'égoïsme royale avait enfanté l'égoïsme populaire, et le peuple qui avait poussé la haine de la royauté jusqu'à supprimer Dieu, parce qu'on lui avait dit que la royauté émanait de Dieu, avait sans doute, lui aussi, en vertu de *quelque raison d'État*, apprécié à son point de vue, fait le 14 juillet, les 5 et 6 octobre, le 20 juin et le 10 août.

Nous ne disons pas le 2 septembre, nous le répétons, ce ne fut point le peuple qui fit le 2 décembre, ce fut la Commune!

III

La légende du roi martyre.
(*Suite*).

La journée du 26 arriva et trouva le roi préparé à tout, même à la mort.

Le roi avait fait son testament la veille, il craignait, on ne sait pourquoi, d'être assassiné en allant le lendemain à la Convention.

La reine était prévenue que, pour la seconde fois, le roi se rendait à la Convention.

Le mouvement des troupes, le bruit du tambour eussent pu l'effrayer outre mesure, si Cléry n'eut pas trouvé moyen de lui en faire connaître la cause.

A dix heures du matin, le roi partit sous la surveillance de Chambon et de Santerre.

Arrivé à la Convention, il lui fallut attendre une heure.

Le peuple se vengeait d'avoir fait cinq

cents ans antichambre, au Louvre, aux Tuileries et à Versailles.

Une discussion avait lieu à laquelle le roi ne pouvait assister. Une clef, remise par lui, le 12, à Cléry, avait été saisie dans les mains du valet de chambre.

On avait eu l'idée d'essayer cette clef à l'armoire de fer, et elle l'avait ouverte.

Cette clef avait été montrée à Louis XVI.

— Je ne la reconnais pas, avait-il répondu.

Selon toute probabilité il l'avait forgée lui-même.

Ce fut dans ces sortes de détails que le roi manqua complètement de grandeur.

La discussion terminée, le président annonça à l'Assemblée que l'accusé et ses défenseurs étaient prêts à paraître à la barre.

Le roi entra, accompagné de Malesherbes, de Tronchet et de Desèze.

— Louis, dit le président, la Convention a décidé que vous seriez entendu aujourd'hui.

— Mon conseil va vous lire ma défense, répondit le roi.

Il se fit un profond silence, toute l'Assemblée comprenait qu'on pouvait bien laisser quelques heures à ce roi, dont on brisait la royauté, à cet homme dont on tranchait la vie.

Puis, peut-être, cette Assemblée, dont quelques membres avaient donné la mesure d'un esprit si supérieur, s'attendait-elle à voir jaillir une grande discussion, — prête à se coucher dans son sépulcre sanglant, peut-être déjà drapée dans son linceul, la royauté allait-elle se dresser tout-à-coup, apparaître avec la majesté des mourants, et dire quelques-unes de ces paroles, que l'histoire enregistre et que les siècles répètent.

Il n'en fut point ainsi, le discours de l'avocat Desèze fut un véritable discours d'avocat.

C'était cependant une belle cause à défendre, que celle de cet héritier de tant de rois, que la fatalité amenait devant le peuple, non pas seulement en expiation de ses propres crimes, mais en expiation des crimes et des fautes de toute une race.

Il nous semble qu'en cette occasion, si nous avions eu l'honneur d'être M. Desèze, nous n'eussions point parlé au nom de M. Desèze.

La parole était à saint Louis et à Henry IV, c'était à ces deux grands chefs de race à laver Louis XVI des faiblesses de Louis XIII, des prodigalités de Louis XIV, des débauches de Louis XV.

Il n'en fut point ainsi.

Desèze fut ergoteur quand il eut dû être entraînant. — Il ne s'agissait pas d'être concis mais poétique ; il fallait s'adresser au cœur et non au raisonnement.

Mais peut-être ce plat discours terminé, Louis XVI allait-il prendre la parole, et puisqu'il avait consenti à se défendre, allait-il se défendre en roi, dignement, grandement, noblement.

« Messieurs, dit-il, on vient de vous exposer mes moyens de défense, je ne vous les renouvellerai point; en vous parlant peut-être pour la dernière fois, je vous déclare que ma conscience ne me reproche rien, et que mes défenseurs ne vous ont dit que la vérité.

« Je n'ai jamais craint que ma conduite fut examinée publiquement, mais mon cœur est déchiré d'avoir trouvé dans l'acte d'accusation l'imputation d'avoir voulu faire répandre le sang du peuple, et surtout que les malheurs du 10 août me soient attribués.

« J'avoue que les preuves multipliées que j'avais donné dans tous les temps, de mon amour pour le peuple, et la manière dont je m'étais conduit, me paraissaient devoir prouver que je craignais peu de m'exposer pour épargner son sang et éloigner à jamais de moi une pareille imputation. »

Comprenez-vous, le successeur de soixante rois, le petit-fils de saint Louis, de Henri IV et de Louis XIV, ne trouvant que cela à répondre à ses accusateurs.

Mais plus l'accusation était injuste à votre point de vue, Sire, plus l'indignation devait vous faire éloquent.

Vous deviez laisser quelque chose à la

postérité, Sire, ne fut-ce qu'une sublime malédiction à vos bourreaux.

Aussi la Convention étonnée, demanda-t-elle :

— Vous n'avez pas autre chose à ajouter à votre défense ?

— Non, répondit le roi.

— Vous pouvez vous retirer.

Louis se retira.

Le roi fut conduit dans une des salles adjacentes à l'Assemblée.

Là, il prit M. Desèze dans ses bras, et le pressa contre son cœur ; puis, comme M. Desèze était en nage, plus encore d'émotions que de fatigues, Louis XVI le pressa de changer de linge, et chauffa lui-même la chemise que passa l'avocat.

A cinq heures, il rentrait au Temple.

Le soir même, ses trois défenseurs entrèrent chez le roi, au moment où il sortait de table.

Il leur offrit de prendre quelques rafraîchissements, seul, M. Desèze accepta pendant qu'il mangeait.

— Eh bien ! dit Louis XVI, monsieur

de Malesherbes, vous voyez maintenant que dès le premier moment je ne m'étais pas trompé, et que ma condamnation était prononcée avant que j'eusse été entendu.

— Sire, répondit M. de Malesherbes en sortant de l'Assemblée, j'ai été entouré par une foule de personnes qui m'ont assuré que vous ne péririez pas, ou que vous ne périrez du moins qu'après eux et leurs amis.

— Les connaissez-vous, Monsieur, demanda vivement le roi?

— Je ne les connais point personnellement, mais certes, je les reconnaîtrais à leur visage.

— Eh bien, dit le roi, retournez-y, tâchez d'en rejoindre quelques-uns, dites leur que je ne me le pardonnerais jamais, s'il y avait une seule goutte de sang versé pour moi. Je n'ai point voulu qu'il en fut répandu, quand ce sang eut peut-être conservé mon trône et ma vie, à plus forte raison à cette heure, où j'ai fait le sacrifice de l'un et de l'autre.

M. de Malesherbes promit de retourner à la convention en sortant du Temple, et en effet, il quitta le roi de bonne heure, dans le but d'obéir à l'ordre qui lui était donné.

Le 1ᵉʳ janvier 1793 arriva.

Prisonnier, au secret, Louis XVI n'avait plus qu'un serviteur près de lui.

Il songeait avec tristesse à cet isolement, lorsque Cléry s'approcha de son lit :

— Sire, dit-il à voix basse, je vous demande la permission de vous présenter mes vœux les plus ardents pour la fin de vos malheurs.

— J'accepte vos souhaits, Cléry, dit le roi en lui tendant la main.

Cléry prit cette main qui lui était tendue, la baisa et la couvrit de larmes.

Puis le roi se leva, et avec l'aide de Cléry, fit sa toilette.

En ce moment, les municipaux entrèrent.

Louis parut chercher parmi eux celui dont la figure dénonçait un peu de pitié.

Il s'approcha de lui :

— Oh! Monsieur, dit-il, rendez-moi un grand service.

— Lequel? demanda cet homme.

— Allez, je vous prie, de ma part, savoir des nouvelles de ma famille, et présentez-lui mes souhaits pour l'année qui commence.

— J'y vais, répondit le municipal, visiblement attendri.

— Merci, dit le roi, Dieu, je l'espère, vous rendra ce que vous faites pour moi.

— Mais, dit un des autres municipaux à Cléry, pourquoi le prisonnier ne demande-t-il pas à voir sa famille? maintenant que les interrogatoires sont terminés, je suis sûr que cela ne souffrirait aucune difficulté.

— A qui faudrait-il s'adresser pour cela? demanda Cléry.

— A la Convention.

Un instant après le municipal qui avait été chez la reine rentra.

— Monsieur, dit-il, votre famille vous remercie de vos vœux et vous adresse les siens.

Le roi sourit tristement.

— Quel jour de nouvelle année! dit-il.

Le soir, Cléry fit part au roi de ce que lui avait dit le municipal, et de la possibilité qui existerait peut-être pour lui de voir sa famille.

Le roi réfléchit un instant, et parut hésiter. Mais au bout d'un instant :

— Non, dit-il, dans quelques jours ils

ne me refuseront pas cette consolation :
il faut attendre.

La religion catholique a de ces terribles macérations de cœur quelle impose à ses élus.

C'était le 16 que devait être prononcé le jugement.

M. de Malesherbes resta assez longtemps avec le roi pendant la matinée, vers midi il sortit, en disant qu'il reviendrait lui rendre compte de l'appel nominal aussitôt que cet appel serait terminé.

Le vote devait porter sur trois

questions effroyablement simples :

1° Louis est-il coupable?

2° Appellera-t-on du jugement de la Convention au jugement du peuple.

3° Quelle sera la peine?

Maintenant il fallait pour que l'avenir vît bien que si l'on ne votait pas *sans haine*, on votait au moins *sans crainte*, il fallait que le vote fût public.

Un girondin, nommé Birotteau, demanda que chacun se plaçât à la tribune et dit tout haut son jugement.

Un montagnard, Léonard Bourdon, alla plus loin ; il fit décrété que les votes seraient signés.

Enfin, un homme de la droite, Royer, demanda que les listes fissent mention des absens par commission, et que les absens sans commission fussent censurés, et leurs noms envoyés aux départements.

Alors commença cette grande et terrible séance qui devait durer soixante-douze heures.

La salle présentait un singulier aspect, peu en harmonie avec ce qui allait se passer.

Ce qui allait se passer était triste, sombre, lugubre.

L'aspect de la salle ne donnait aucune idée du drame.

Le fond en avait été transformé en loges, où les plus jolies femmes de Paris, dans leurs toilettes diverses, couvertes de velours et de fourrures, mangeaient des oranges et des glaces.

Les hommes allaient les saluer, causaient avec elles, revenaient à leur place, échangeant des signes; on eut dit un spectacle en Italie.

Le côté de la montagne, surtout, se faisait remarquer par son élégance ; c'était parmi les montagnards que siégeaient ces millionnaires : le duc d'Orléans, Lepelletier de Saint-Fargeau, Hérault de Séchelles, Anacharsis Clootz, le marquis de Châteauneuf.

Tous ces messieurs avaient des tribunes réservées pour leurs maîtresses, elles arrivaient couvertes de rubans tricolores, avec des cartes particulières ou des lettres de recommandation aux huissiers qui jouaient le rôle d'ouvreurs de loges.

Les hautes tribunes réservées au peuple ne désemplirent pas pendant les trois jours, on y buvait comme dans des tabagies, on y mangeait comme dans des restaurants, on y parlait comme dans des clubs.

Sur la première question : *Louis est-il coupable ?*

Six cent quatre-vingt-trois voix répondirent, oui.

Sur la seconde question : *la décision de la Convention sera-t-elle soumise à la ratification du peuple ?*

Deux cent quatre-vingt-une voix votèrent pour l'appel au peuple.

Qnatre cent vingt-trois voix votèrent contre.

Puis vint la troisième question, la question grave, la question suprême : *quelle sera la peine ?*

Lorsqu'on en arriva là, il était huit heures du soir de la troisième journée, journée de janvier, triste pluvieuse et froide.

On était ennuyé, impatient, fatigué ; la force humaine, chez les acteurs comme chez les spectateurs, succombaient à quarante-cinq heures de permanence.

Chaque député montait à son tour à la tribune et prononçait un de ces quatre arrêts :

L'emprisonnement, la déportation, la

mort avec sursis ou appel au peuple, la mort simple sans sursis, sans appel.

Toutes marques d'approbation ou d'improbation avaient été défendues, et cependant quand les tribunes populaires entendaient autre chose que ces deux mots : *la mort*, elles murmuraient.

Une fois, cependant, ces deux mots furent entendus et suivis de murmures, de huées et de sifflets.

Ce fut lorsque Philippe-Égalité monta à la tribune, et dit :

— Uniquement occupé de mon devoir, convaincu que tous ceux qui ont attenté ou qui attenteront par la suite à la souveraineté du peuple méritent la mort, je vote peur LA MORT.

Au milieu de cet acte terrible, un député malade, nommé Duchatel, se fit apporter; en le voyant apparaître coiffé de son bonnet de nuit, vêtu de sa robe de chambre, l'Assemblée se prit à rire.

Il dit deux mots, l'Assemblée frissonna.

Le mourant venait voter pour LA MORT.

C'était Vergniaud, président au 10 août, qui se trouvait encore président au 17 janvier.

Après avoir proclamé la déchéance, il allait proclamer la mort.

— Citoyens, dit-il, vous allez exercer un grand acte de justice; j'espère que l'humanité vous engagera à garder le plus religieux silence; quand la justice a parlé, l'humanité doit se faire entendre à son tour.

Et il lut le résultat du scrutin.

Sur sept cent vingt-un votants, trois cent trente-quatre avaient vôtés pour le bannissement ou la prison, et trois cent quatre-vingt-sept pour la mort, les uns sans sursis, les autres avec ajournement.

Il avait donc pour la mort cinquante-trois suffrages de plus que pour le bannissement.

Seulement, en retranchant de ces cinquante trois suffrages les quarante-six voix qui avaient voté pour la mort avec ajournement, il restait en tout pour la mort immédiate une majorité de sept suffrages.

—Citoyens, dit Vergniaud avec l'accent d'une profonde douleur, je déclare au nom de la Convention que la peine quelle prononce contre Louis Capet est la mort.

Ce fut dans la soirée du samedi 19 que la mort fut votée, mais ce ne fut que le dimanche 20, à trois heures du matin, que Vergniaud prononça l'arrêt.

Pendant ce temps, Louis XVI, privé de toute communication avec le dehors, savait que son sort se décidait, et seul, loin de sa femme et de ses enfants qu'il avait refusé de voir dans le but de mortifier son âme, comme un moine pêcheur mortifie sa chair, remettait avec une indifférence parfaite en apparence du moins, sa vie, ou sa mort aux mains de Dieu.

Le dimanche matin, 20 janvier, à six heures, M. de Malesherbes entra. Le roi était déjà levé, il se tenait le dos tourné à une lampe placée sur la cheminée, les coudes posés sur une table, le visage couvert de ses deux mains.

Le bruit que son défenseur fit en entrant le tira de sa rêverie.

— Eh bien! demanda-t-il en l'apercevant.

M. de Malesherbes n'osa répondre, mais le prisonnier put voir à l'abattement de son visage que tout était fini.

— A la mort, dit Louis, j'en étais sûr.

Alors il ouvrit les bras et serra M. de Malesherbes tout en larmes sur sa poitrine.

Puis.

— M. de Malesherbes, dit-il, je vous affirme que depuis deux jours je suis occupé à chercher si dans le cours de mon règne j'ai pu mériter de mes sujets le plus petit reproche. Eh bien ! je vous jure dans toute la sincérité de mon cœur, comme un homme qui va paraître devant Dieu, que j'ai toujours voulu le bonheur de mon peuple et n'ai pas formé un seul vœu qui lui fut contraire.

Tout ceci se passait devant Cléry qui pleurait toutes ses larmes, le roi en eut pitié, emmena M. de Malesherbes dans son cabinet et s'y enferma une heure à peu près avec lui.

Puis il sortit, embrassa encore une fois son défenseur, le supplia de revenir le soir, et prit congé de lui.

Le roi avait des larmes dans les yeux.

—Ce bon vieillard m'a vivement ému, dit-il à Cléry, en rentrant dans sa chambre ; mais vous, qu'avez-vous donc?

Cette demande était motivée par un tremblement universel qui s'était emparé de Cléry depuis que M. de Malesherbes, qu'il avait reçu dans l'anti chambre, lui avait dit que le roi était condamné à mort.

Alors Cléry, pour cacher autant que

possible au roi l'état dans lequel il se trouvait, prépara tout ce qui était nécessaire au roi pour se raser.

Le roi se frotta de savon lui-même, et Cléry se tint debout devant lui, le bassin entre les deux mains.

Tout-à-coup une grande pâleur passa sur les joues du roi, ses lèvres et ses oreilles blanchirent ; Cléry craignant qu'il ne se trouva mal, posa le bassin et s'apprêta à le soutenir, mais le roi de son côté lui prit les deux mains en disant :

— Allons, allons, du courage.

Et il se rasa avec tranquillité.

Le roi resta dans sa chambre jusqu'à l'heure du dîner, vers deux heures la porte s'ouvrit tout-à-coup, c'était le conseil exécutif qui venait signifier le jugement au prisonnier.

En tête étaient Garat, le ministre de la justice; Lebrun, le ministre des affaires étrangères; Grouvelle, le secrétaire du conseil; le président et le procureur général, syndic des départements; le maire et le procureur de la commune; le président et l'accusateur public du tribunal criminel.

Santerre devançait tout le monde.

—Annonce le conseil exécutif, dit-il à Cléry.

Cléry s'apprêta à obéir, mais le roi qui avait entendu un grand bruit lui en épargna la peine; la porte s'ouvrit et il apparut dans le corridor.

Alors Garat, le chapeau sur la tête, porta la parole, et dit :

— Louis, la Convention nationale a chargé le conseil exécutif provisoire de vous signifier les décrets des 15, 16, 17, 19 et 20 janvier, le secrétaire du conseil va vous en faire la lecture.

Alors Grouvelle déploya le décret et lut d'une voix tremblante :

Article Ier.

La Convention déclare Louis Capet, dernier roi des Français, coupable de conspiration contre la liberté de la nation et d'attentat contre la sûreté général de l'État.

Article II.

La Convention nationale décrète que Louis Capet subira la peine de mort.

Article III.

La Convention nationale déclare nul l'acte de Louis Capet apporté à la barre par ses conseils, et qualifié d'appel à la nation, du jugement contre lui rendu par la Convention.

Article IV.

Le conseil exécutif provisoire notifiera

le présent décret dans le jour à Louis Capet, et prendra les mesures de police et de sûreté nécessaires pour en assurer l'exécution dans les vingt-quatre heures, à compter de sa notification, et rendra compte du tout, à la Convention nationale, immédiatement après qu'il aura été exécuté.

Pendant cette lecture le visage du roi resta parfaitement calme, seulement sa physionomie indiqua deux sentiments parfaitement distincts.

A ces mots : *coupable de conspiration*, un sourire de dédain passa sur ses lèvres.

Et à ceux-ci : *subira la peine de mort,* un

regard qui semblait mettre le condamné en communication avec Dieu, se leva vers le ciel.

La lecture finie, le roi fit un pas vers Grouvelle, prit le décret de ses mains, le plia, le mit dans son portefeuille et en tira un autre papier, qu'il présenta au ministre Garat, en disant:

— Monsieur le ministre de la justice, je vous prie de remettre sur-le-champ cette lettre à la Convention nationale.

Et comme le ministre paraissait hésiter.

— Je vais vous en faire lecture, dit le roi.

Et il lut la lettre suivante, d'une voix qui faisait contraste avec celle de Grouvelle.

« Je demande un délai de trois jours pour me préparer à paraitre devant Dieu. Je demande pour cela l'autorisation de voir librement la personne que j'indiquerai aux commissaires de la Commune et que cette personne soit à l'abri de toute crainte et de toute inquiétude pour l'acte de charité qu'elle remplira près de moi.

« Je demande à être délivré de la surveillance perpétuelle que le conseil général a établi depuis quelques jours.

« Je demande dans cet intervalle de pouvoir voir ma famille quand je le demanderai et sans témoins, je désirerais bien que la Convention nationale s'occupât tout de suite du sort de ma famille, et qu'elle lui permît de se retirer librement ou elle jugerait à propos.

« Je recommande à la bienfaisance de la nation toutes les personnes qui m'étaient attachées; il y en a beaucoup qui avaient mis toute leur fortune dans leurs charges, et qui n'ayant plus d'appointements doivent être dans le besoin ; dans les pensionnaires, il y avait beaucoup de vieillards, de femmes et d'enfants, qui n'avaient que cela pour vivre.

« Fait à la tour du Temple le 20 janvier 1793

« Louis. »

Garat prit la lettre.

— Monsieur, dit-il, cette lettre sera remise à l'instant même à la Convention.

Alors le roi tira de nouveau son portefeuille, et de son portefeuille un petit carré de papier.

— Si la Convention m'accorde ma demande à l'endroit de la personne que je désire, dit-il, voici son adresse.

Le papier portait en effet cette adresse,

écrite de l'écriture de madame Élisabeth.

— M. Edgeworth de Firmont, n° 483, rue du Bac.

Puis, comme il n'avait plus rien à dire ni à entendre, le roi fit un pas en arrière comme au temps ou donnant audience, il indiquait par ce mouvement que l'audience était terminée.

Les ministres et ceux qui les accompagnaient sortirent.

— Cléry, dit le roi à son valet de chambre qui, sentant les jambes lui manquer, s'était appuyé contre la muraille, — Cléry, demande mon dîner.

Cléry passa dans la salle à manger pour obéir à l'ordre du roi ; il y trouva deux municipaux qui lui lurent un arrêté par lequel il était défendu au roi de se servir de couteaux ni de fourchettes.

Un couteau seulement devait être confié à Cléry pour couper le pain et la viande de son maître en présence de deux commissaires.

L'arrêté fut répété au roi, Cléry n'ayant pas voulu se charger de lui dire que cette mesure avait été prise.

Le roi rompit son pain avec ses doigts et coupa sa viande avec sa cuiller.

Le roi, contre son habitude, mangea peu. Le dîner ne dura que quelques minutes.

A six heures, on annonça le ministre de la justice ; Santerre le précédait.

Le roi se leva pour le recevoir.

— Monsieur, dit le ministre de la justice, j'ai porté votre lettre à la Convention, et elle m'a chargé de vous notifier la réponse suivante :

« Il est libre à Louis d'appeler tel ministre du culte qu'il jugera à propos.

« De voir sa famille librement et sans témoins.

« La nation, toujours grande et toujours juste, s'occupera du sort de sa famille.

« Il sera accordé aux créanciers de sa maison de justes indemnités.

« La Convention nationale a passé à l'ordre du jour sur le sursis. »

Le roi fit un mouvement de tête et le ministre se retira.

Mais les municipaux l'arrêtèrent.

— Citoyen ministre, demandèrent-ils, comment Louis pourra-t-il voir sa famille?

— Mais en particulier, répondit Garat.

— Impossible ; par arrêt de la Commune, nous ne devons le perdre de vue *ni jour ni nuit.*

La chose, en effet, était assez embarrassante. Cependant on concilia le tout en décidant que le roi recevrait sa famille dans la salle à manger, de manière à être vu par le vitrage de la cloison, mais qu'on fermerait la porte pour qu'il ne fût pas entendu.

Pendant ce temps, le roi disait à Cléry :

— Voyez si le ministre de la justice est encore là, et rappelez-le.

Le ministre de la justice discutait avec les municipaux le mode d'entrevue du roi et de la reine.

Il rentra.

— Monsieur, lui dit le roi, j'ai oublié de vous demander si l'on avait trouvé M. Edgeworth de Firmont chez lui et quand je pourrai le voir.

— Je l'ai amené avec moi dans ma voiture, dit Garat; il est au conseil et va monter à l'instant.

En effet, au moment où le ministre de la justice prononçait ces paroles, M. Edgeworth de Fermont paraissait dans l'encadrement de la porte.

IV

La légende du roi martyre.
(Suite.)

M. Edgeworth de Firmont était le confesseur de madame Elisabeth.

Il y avait déjà près de six semaines que le roi, prévoyant la condamnation qui venait de le frapper, avait demandé à sa sœur des conseils sur le choix du prêtre qui devait l'accompagner à ses derniers moments, et madame Elisabeth avait, en pleurant, conseillé à son frère de s'arrêter à l'abbé de Firmont.

Ce digne ecclésiastique, Anglais d'origine, avait échappé au massacre de septembre et s'était retiré à Choisy-le-Roi, sous le nom d'Essex. Madame Elisabeth connaissait sa double adresse, et l'ayant fait prévenir à Choisy, elle espérait qu'au moment de la condamnation il se trouverait à Paris.

Elle ne se trompait pas.

L'abbé Edgeworth avait reçu la mission avec une joie résignée, car il ne se dissimulait pas le danger que courait un prêtre non assermenté à accompagner le roi à l'échafaud.

Aussi, le 21 décembre 1792, écrivait-il à un de ses amis d'Angleterre :

« Mon malheureux maître a jeté les yeux sur moi pour le disposer à la mort. Si l'iniquité de son peuple va jusqu'à commettre ce parricide, je me prépare moi-même à mourir, car je suis convaincu que la fureur populaire ne me laissera pas survivre une heure à cette horrible scène. Mais je suis résigné, ma vie n'est rien si, en la perdant, je pouvais sauver celui que Dieu a placé pour la ruine et la résurrection de plusieurs, j'en ferais volontiers le sacrifice et ne serais pas mort en vain. »

Tel était l'homme qui ne devait plus quitter Louis XVI qu'au moment où celui-ci quitterait la terre pour le ciel.

Le roi le fit entrer dans son cabinet et s'y enferma avec lui.

A huit heures du soir il sortit de son cabinet, et s'adressant aux commissaires :

— Messieurs, dit-il, ayez la bonté de me conduire à ma famille.

— Cela ne se peut pas, répondit un des commissaires, mais on va la faire descendre si vous le désirez.

— Soit, répondit le roi, pourvu que je puisse la voir dans ma chambre, librement et sans témoin.

— Pas dans votre chambre, répondit le même municipal, mais dans la salle à manger; nous venons d'arrêter cela avec le ministre de la justice.

— Cependant, dit le roi, vous avez entendu que le décret de la Convention me permet de la voir sans témoin.

— Cela est vrai, vous serez en particulier, on fermera la porte; mais par le vitrage nous aurons les yeux sur vous.

— C'est bien, faites descendre ma famille.

Les municipaux sortirent, le roi passa dans la salle à manger.

Cléry l'y suivit, rangeant la table de côté, poussant les chaises au fond pour donner de l'espace.

— Cléry, dit le roi, apportez un peu d'eau et un verre, au cas où la reine aurait soif.

Il y avait sur la table une de ces carafes d'eau glacée qu'un membre de la Commune avait reproché au roi.

Cléry n'apporta donc qu'un verre.

— Apportez de l'eau ordinaire, dit le roi ; si la reine buvait de l'eau glacée, comme elle n'y est pas habituée, cela pourrait lui faire mal. Puis, attendez Cléry, dites en même temps à M. de Firmont de ne point sortir de mon cabinet. Je craindrais que sa vue ne fît une trop grande impression sur ma famille.

A huit heures et demie la porte s'ouvrit.

La reine venait la première, tenant son fils par la main ; ensuite Madame Royale et madame Élisabeth.

Le roi ouvrit ses bras. Les deux femmes et les deux enfants s'y jetèrent en pleurant.

Cléry sortit et ferma la porte.

Pendant quelques minutes il se fit un silence, interrompu seulement par des sanglots.

Puis la reine fit un mouvement pour entraîner le roi dans sa chambre.

— Non, dit-il en la retenant, je ne puis vous voir qu'ici.

La reine et la famille royale avaient appris par des colporteurs la sentence rendue, mais elles ignoraient tous les détails.

Alors le roi leur raconta ce qu'il savait, excusant ceux qui le faisaient mourir, et montrant à la reine que ni Pétion, ni Manuel n'avaient voté pour la mort immédiate.

La reine écoutait, et chaque fois qu'elle voulait parler, éclatait en sanglots.

Dieu donnait un dédommagement au pauvre prisonnier; il le faisait, à sa dernière heure, adorer de tout ce qui l'entourait, même de la reine.

Comme on l'a pu voir dans la partie romanesque de cet ouvrage, la reine se laissait facilement entraîner au côté pittoresque de la vie. Elle avait cette vive imagination qui, bien plus que le tempérament matériel, fait les femmes imprudentes. La reine fut imprudente toute sa vie : imprudente dans ses amitiés, imprudente dans ses amours.

Sa captivité au Temple la sauva au point de vue moral. Elle revint aux pures et saintes affections de la famille, dont les passions de sa jeunesse l'avaient éloigné ; et, comme elle ne savait rien faire que passionnément, elle en vint à aimer passionnément dans le malheur cet homme dont, aux jours de la félicité, elle n'avait vu que les côtés lourds et vulgaires. Varennes et le 10 août lui avaient montré le roi comme un homme sans initiative, sans résolution, alourdi, presque lâche. Au Temple, elle commença de s'apercevoir qu'à la fin non-seulement la femme avait mal jugé son mari ; mais aussi la reine mal jugé le roi. Au Temple, elle le vit calme, patient aux outrages, doux et ferme comme un Christ : tout ce qu'elle avait des sécheresses mondaines s'amollit, se fondit et tourna au profit des bons sentiments. De même qu'elle avait trop dédaigné, elle aima trop. — Hélas ! dit le roi, à M. de Fermont, faut-il que j'aime tant ! et sois si tendrement aimé !

Aussi, dans cette dernière entrevue, la reine se laissa-t-elle entraîner à un sentiment qui ressemblait à du remords. Elle avait voulu conduire le roi dans sa chambre pour rester un instant seule avec lui. Lorsqu'elle vit que c'était chose impossible, elle attira le roi dans l'embrasure d'une fenêtre.

Là, sans doute, allait-elle tomber à ses pieds, et, au milieu des larmes et des sanglots, lui demander pardon. Le roi comprit tout, l'arrêta, et tirant son testament de sa poche :

— Lisez ceci, ma bien-aimée femme, dit-il.

Et du doigt il lui montrait le paragraphe suivant :

La reine lut à demi-voix.

— Je prie ma femme de me pardonner tous les maux qu'elle souffre pour moi et les chagrins que je pourrais lui avoir donnés dans le cours de notre union, *comme elle peut être sûre que je ne garde rien contre elle*, SI ELLE CROYAIT AVOIR QUELQUE CHOSE A SE REPROCHER.

La pauvre reine prit les mains du roi et les baisa. Il y avait un pardon bien miséricordieux dans cette phrase : *comme elle peut être sûre, que je ne garde rien contre elle,* une délicatesse bien grande dans ces mots : *si elle croyait avoir quelque chose à se reprocher.*

Ainsi elle mourait pardonnée, la pauvre Madeleine royale; son amour pour le roi, si tardif qu'il fût, lui valait la miséricorde divine et humaine. Et son pardon lui était donné, non pas tout bas, mystérieusement, comme une indulgence dont le roi lui-même avait honte; mais hautement, mais publiquement.

Qui oserait reprocher quelque chose à celle qui allait se présenter à la postérité doublement couronnée et de l'auréole du martyre, et du pardon de son époux?

Elle sentit cela. Elle comprit qu'à partir de ce moment, elle était forte devant l'histoire ; mais elle n'en devint que plus faible en face de celui qu'elle aimait si tard, qu'elle sentait bien qu'elle ne l'avait point aimé assez.

Ce n'étaient plus des larmes, ce n'étaient plus des paroles qui s'échappaient de la poitrine de la malheureuse femme ; c'étaient des sanglots, c'étaient des cris entrecoupés. Elle disait qu'elle voulait mourir avec son mari, et que, si on lui refusait cette grâce, elle se laisserait mourir de faim.

Les municipaux qui ne pouvaient rien entendre, mais qui devinaient aux gestes que c'était celui qui allait mourir qui consolait ceux qui survivaient, les municipaux n'y purent tenir ; ils détournèrent d'abord les yeux, puis, comme ne voyant plus ils entendaient encore les gémissements, ils se laissèrent franchement redevenir hommes et fondirent en larmes.

Cette scène de douleur dura sept quarts-d'heure.

Enfin, à dix heures un quart, le roi se leva le premier. Alors, femme, sœur, enfants s'attachèrent à lui comme les fruits après un arbre. Le roi et la reine tenaient chacun le Dauphin par une main ; Madame Royale, à la gauche de son père, le tenait embrassé par le milieu du corps ; madame Élisabeth, du même côté que sa nièce, mais un peu plus en arrière, avait saisi le bras du roi ; la reine, et c'était elle qui avait droit à plus de consolations, car c'était elle la moins pure ; la reine avait le bras passé autour du col de son mari, et tout ce groupe douloureux marchait d'un même mouvement, poussant des gémissements, des sanglots, des cris, au milieu desquels on n'entendait que ces mots :

— Nous nous reverrons, n'est-ce pas ?

— Oui, oui, soyez tranquille.

— Demain matin, demain à huit heures, n'est-ce pas ?

— Je vous le promets.

— Mais pourquoi pas à sept heures, demanda la reine ?

— Eh bien ! oui, à sept heures, dit le roi ; mais... adieu ! adieu !

Et il prononça cet adieu d'une voix si expressive, que l'on sentit que ses forces étaient épuisées.

Il en était ainsi de celles de Madame Royale ; elle poussa un soupir et se laissa aller sur le carreau.

Elle était évanouie.

Madame Élisabeth et Cléry la relevèrent.

Le roi sentit que c'était à lui d'être fort.

Il s'arracha des bras de la reine et du Dauphin et rentra dans sa chambre en criant :

— Adieu! adieu!

Puis il referma la porte derrière lui.

La reine, toute sanglotante, alla se coller à cette porte, n'osant demander au roi de la rouvrir; mais pleurant, mais sanglotant, mais frappant le panneau de sa main étendue.

Le roi eut le courage de ne pas sortir.

Les municipaux invitèrent alors la reine à se retirer, en lui réitérant l'annonce déjà reçue qu'elle pourrait voir le lendemain son mari à sept heures du matin.

Cléry voulait reporter Madame Royale, toujours évanouie, jusque chez la reine. Mais, à la seconde marche, les municipaux l'arrêtèrent et le forcèrent de rentrer.

Le roi avait rejoint son confesseur dans le cabinet de la tourelle, et se faisait raconter par lui, pour faire diversion à la scène qui venait de se passer, la manière dont il avait été amené au Temple.

Ce récit pénétra-t-il dans son esprit, ou les mots confus bourdonnèrent-ils seulement à son oreille, éteints qu'ils étaient par ses propres pensées.

C'est ce que personne ne peut dire.

En tout cas, voici ce que raconta l'abbé :

« Prévenu par M. de Malesherbes, qui lui avait donné rendez-vous chez madame de Senozan, que le roi devait avoir recours à lui s'il était condamné à la peine de mort, l'abbé Edgeworth, au risque du danger qu'il courait, était revenu à Paris; et, connaissant la sentence rendue le dimanche matin, attendait rue du Bac.

« A quatre heures du soir, un inconnu s'était présenté chez lui et lui avait remis un billet du Conseil exécutif conçu en ces termes :

« Le Conseil exécutif ayant une affaire de la plus haute importance à communiquer au citoyen Edgeworth de Firmont, l'invite à passer au lieu de ses séances. »

L'inconnu avait ordre d'accompagner

le prêtre. Une voiture l'attendait à la porte.

L'abbé descendit et partit avec l'inconnu.

La voiture s'arrêta aux Tuileries.

L'abbé trouva les ministres en conseil. A sa vue ils se levèrent.

— Êtes-vous l'abbé Edgeworth de Firmont? demanda Garat.

— Oui, répondit celui-ci.

— Eh bien! Louis Capet, continua le ministre de la justice, nous ayant témoigné le désir de vous avoir près de lui dans ses derniers moments, nous vous avons mandé pour savoir si vous consentez à lui rendre le service qu'il exige de vous.

— Puisque le roi m'a désigné, répondit le prêtre, c'est mon devoir de lui obéir.

— En ce cas, avait dit le ministre, vous allez venir avec moi au Temple, car je m'y rends de ce pas.

Et il avait emmené avec lui l'abbé dans sa voiture.

Nous avons vu comment celui-ci, après

avoir rempli les formalités d'usage, était parvenu jusqu'au roi.

Un instant après le roi avait été appelé par sa famille. Puis il était revenu près de l'abbé Edgeworth et lui avait demandé les détails que nous venons de dire.

Le récit achevé :

— Monsieur, dit le roi, oublions tout maintenant pour songer à la grande et unique affaire de mon salut.

— Sire, répondit l'abbé, je suis prêt à faire de mon mieux, et j'espère que Dieu suppléera à mon peu de mérite. Mais ne trouvez-vous pas d'abord que ce vous serait une grande consolation que d'entendre la messe et de communier?

— Oui, sans doute, dit le roi, et croyez que je sentirais tout le prix d'une pareille grâce. Mais comment vous exposer à ce point?

— Cela me regarde, Sire, et je tiens à prouver à Votre Majesté que je suis digne de l'honneur qu'elle m'a fait en me choisissant pour son soutien. Que le roi me donne carte blanche et je réponds de tout.

— Allez donc, Monsieur, dit-il. Puis,

en secouant la tête : Allez, répéta-t-il, mais vous ne réussirez pas.

L'abbé Edgeworth s'inclina et sortit, demandant à être conduit à la salle du Conseil.

— Que voulez-vous encore, demandèrent les municipaux ?

— Celui qui va mourir demain, dit l'abbé Edgeworth, désire avant de mourir entendre la messe et se confesser.

Les municipaux se regardèrent tout étonnés ; il ne leur était pas même venu à l'idée qu'on pût leur faire une pareille demande.

— Et où diable, demandèrent-ils trouver un prêtre et des ornements d'église à cette heure-ci ?

— Le prêtre est tout trouvé, dit l'abbé Edgeworth, puisque me voici. Quant aux ornements, l'église la plus voisine en fournira ; il ne s'agit que de les envoyer chercher.

Les municipaux hésitaient.

— Mais, dit l'un d'eux, si c'était un piége.

— Quel piége? demanda l'abbé.

— Si, sous prétexte de faire communier le roi, vous alliez l'empoisonner?

L'abbé Edgeworth regarda fixement celui qui venait d'émettre ce doute.

— Ecoutez donc, continua le municipal, l'histoire nous fournit assez d'exemple à cet égard pour nous engager d'être circonspect.

— Monsieur, dit l'abbé, j'ai été fouillé assez exactement en entrant ici pour que l'on soit sûr que je n'ai pas de poison. Si donc j'en ai demain, c'est de vous que je l'aurai reçu, puisque tout ce que je demande doit passer par vos mains.

On convoqua les membres absens et l'on délibéra.

La demande fut accordée à deux conditions :

La première, c'est que l'abbé dresserait une demande qu'il signerait de son nom.

La seconde, que la cérémonie serait terminée le lendemain à sept heures au plus tard, le prisonnier devant à huit heures précises être conduit au lieu de son exécution.

L'abbé fit sa demande par écrit et la laissa sur le bureau.

Puis il fut ramené près du roi auquel il annonça cette pieuse nouvelle que sa demande était accordée.

Il était dix heures, l'abbé Edgeworth resta enfermé avec le roi jusqu'à minuit.

A minuit, le roi lui dit :

— Monsieur l'abbé, je suis fatigué, je voudrais dormir ; j'ai besoin de force pour demain.

Puis il appela deux fois :

— Cléry!... Cléry!

Cléry entra, déshabilla le roi, et voulut lui rouler les cheveux.

Mais celui-ci avec un sourire :

— Ce n'est point la peine, dit-il.

Puis il se coucha, et comme Cléry tirait les rideaux :

— Vous m'éveillerez à 5 heures.

A peine la tête sur l'oreiller, le prisonnier s'endormit, tant étaient puissants sur cet homme les besoins matériels.

M. de Firmont se jeta sur le lit de Cléry.

Cléry passa la nuit sur une chaise.

Cléry dormit d'un sommeil plein de soubresauts et de terreur, aussi entendit-il sonner cinq heures.

Il se leva aussitôt et commença d'allumer le feu.

Au bruit qu'il fit, le roi s'éveilla.

— Eh! Cléry! demanda-t-il, cinq heures sont elles donc sonnées?

— Sire, répondit celui-ci, elles le sont

à plusieurs horloges, mais pas encore à la pendule.

Alors Cléry s'approcha du lit.

— J'ai bien dormi, dit le roi; j'en avais besoin ; la journée d'hier m'a horriblement fatigué. Où est M. de Firmont?

— Sur mon lit, Sire.

— Sur votre lit! et où avez vous passez la nuit, vous ?

— Sur cette chaise.

— J'en suis fâché, vous avez dû être mal.

— Oh! Sire, dit Cléry, pouvais-je penser à moi dans un pareil moment.

— Ah! mon pauvre Cléry, dit le roi.

Et il lui tendit une main que le valet de chambre embrassa en pleurant.

Alors pour la dernière fois le fidèle serviteur commença d'habiller le roi. Il avait préparé un habit brun, une culotte de drap gris, des bas de soie gris et une veste piquée en forme de gilet.

Le roi habillé, Cléry le coiffa.

Pendant ce temps, Louis XVI ôta de sa montre un cachet, le mit dans la poche de sa veste, déposa sa montre sur la cheminée, puis tirant un anneau de son doigt il le mit dans la même poche où était le cachet.

Au moment où Cléry lui passa son habit, qui se trouva être le même qu'il portait la veille, le roi en retira son portefeuille, sa lorgnette, sa tabatière et les posa sur la cheminée avec sa bourse ; tous ces préparatifs se faisaient devant les municipaux qui étaient entrés dans la chambre du roi dès qu'ils y avaient vu de la lumière.

La demie après cinq heures sonna.

— Cléry, dit le roi, éveillez M. de Firmont.

M. de Fermont était éveillé et levé, il entendit l'ordre donné à Cléry, et entra.

Le roi le salua d'un signe, et le pria de le suivre dans son cabinet; pendant ce temps, Cléry préparait l'autel.

C'était la commode de la chambre recouverte d'une nappe.

Quant aux ornements de l'église et aux vêtements du prêtre, on les avait trouvés comme l'avait dit l'abbé Edgeworth, dans la première église à laquelle on s'était adressé.

Cette église était celle des Capucins du Marais, près l'hôtel de Soubise.

L'autel préparé, Cléry alla prevenir le roi.

— Pourrez-vous servir la messe? lui demanda Louis.

— Je l'espère, répondit Cléry, seulement je ne sais pas les répons par cœur.

Alors le roi donna à Cléry un livre de messe qu'il ouvrit à l'*introït*.

M. de Fermont était déjà dans la chambre de Cléry où il s'habillait.

Cléry avait placé devant l'autel un fauteuil et mis un grand coussin devant le fauteuil, mais le roi le lui fit ôter et en alla chercher un lui-même, plus petit et garni de crin, dont il se servait ordinairement pour dire ses prières.

Dès que le prêtre rentra, les municipaux qui sans doute craignaient d'être souillés par le contact d'un homme d'église, se retirèrent dans l'antichambre.

Il était six heures, la messe commença.

Le roi l'entendit d'un bout à l'autre à genoux et avec le plus profond recueillement.

Après la messe, le roi communia, et l'abbé Edgeworth, le laissant à ses prières, alla dans la chambre voisine se dévêtir des habits sacerdotaux.

Le roi profita de ce moment pour remercier Cléry et lui faire ses adieux, puis il rentra dans son cabinet.

M. de Fermont l'y rejoignit : Cléry s'assit sur son lit et se mit à pleurer.

A sept heures le roi sortit du cabinet et appela Cléry.

Cléry accourut.

Le roi le conduisit dans l'embrasure d'une fenêtre et lui dit :

— Vous remettrez ce cachet à mon fils et cet anneau à ma femme; dites-leur bien que je les quitte avec peine. Ce petit paquet renferme des cheveux de toute notre famille, vous les leur remettrez aussi.

— Mais, demanda Cléry, ne les reverrez-vous pas, Sire?

Le roi hésita un instant, comme si son cœur l'abandonnait pour aller près d'elle.

Puis :

—Non, dit-il, décidément, non. J'avais promis, je le sais, de les voir ce matin, mais je veux leur épargner la douleur d'une situation si cruelle. Cléry, si vous les revoyez vous leur direz combien il m'en a coûté de partir sans recevoir leurs derniers embrassements...

A ces mots il essuya ses larmes.

Puis avec le plus douloureux accent :

— Cléry, vous leur ferez mes derniers adieux, n'est-ce pas?

Et il rentra dans son cabinet.

Les municipaux avaient vu le roi remettre à Cléry les différents objets que nous avons dit. Un d'eux les réclama, mais un autre proposa d'en laisser Cléry dépositaire jusqu'à la décision du conseil.

Cette proposition prévalut.

Un quart d'heure après, le roi sortit de nouveau de son cabinet.

Cléry se tenait là, à ses ordres.

— Cléry, dit-il, demandez si je puis avoir des ciseaux.

Et il rentra.

— Le roi peut-il avoir des ciseaux? demanda Cléry aux municipaux.

— Qu'en veut-il faire?

— Je n'en sais rien.

— Demandez-le lui.

Un des municipaux entra dans le cabinet; il trouva le roi à genoux devant M. de Firmont.

— Vous avez demandé des ciseaux, dit-il, qu'en voulez-vous faire?

— C'est pour que Cléry me coupe les cheveux, répondit le roi.

Le municipal descendit à la chambre du conseil.

On délibéra une demi-heure, et au bout d'une demi-heure on refusa.

Le municipal remonta.

— Le conseil a refusé, dit-il.

— Je n'eusse point touché les ciseaux, dit le roi, et Cléry m'eût coupé les cheveux en votre présence. Voyez encore, Monsieur, je vous prie.

Le municipal descendit de nouveau au conseil, exposa de nouveau la demande du roi ; mais le conseil persista dans son refus.

Un municipal s'approcha alors de Cléry, et lui dit :

— Je crois qu'il est temps que tu te disposes à accompagner le roi sur l'échafaud.

— Pourquoi faire, mon Dieu? demanda Cléry tout tremblant.

— Mais pour lui ôter ses habits, parbleu, n'es-tu pas son valet de chambre?

— Eh non, dit un autre, le bourreau est assez bon pour cela.

Le jour commençait de paraître; la générale était battue dans toutes les sections de Paris. Ce mouvement et ce bruit retentissaient jusque dans la tour et glaçait le sang dans les veines de l'abbé de Firmont et de Cléry.

Mais le roi, plus calme qu'eux, prêta un instant l'oreille, et dit sans s'émouvoir :

— C'est probablement la garde nationale que l'on commence à rassembler.

Quelque temps après, les détachements de cavalerie entrèrent dans la cour du Temple. On entendit le piétinement des chevaux et la voix des officiers.

Le roi écouta de nouveau et avec le même calme.

— Il y a apparence qu'ils approchent, dit-il :

De sept à huit heures du matin on

vint, sous différents prétextes, frapper plusieurs fois à la porte du cabinet du roi, et à chaque fois M. Edgeworth tremblait que ce ne fût la dernière.

Mais à chaque fois le roi se levait, sans émotion aucune, allait à la porte, répondait tranquillement aux personnes qui venaient l'interrompre et revenait s'asseoir près de son confesseur.

M. Edgeworth ne voyait pas les gens qui venaient ainsi, mais il entendait.

Une fois il entendit un des interrupteurs qui disait au prisonnier :

— Oh! oh! tout cela c'était bon quand

vous étiez roi, mais vous ne l'êtes plus.

Le roi revint avec le même visage ; seulement il dit :

— Voyez comme ces gens-là me traitent, mon père ; mais il faut savoir tout souffrir.

On frappa de nouveau, et de nouveau le roi alla à la porte.

Cette fois il revint en disant :

— Ces gens-là voient des poignards et du poison partout. Ils me connaissent bien mal. Me tuer serait une faiblesse, on croirait que je ne sais pas mourir.

Enfin, à neuf heures, le bruit augmentant, les portes s'ouvrirent avec fracas. Santerre entra accompagné de sept ou huit municipaux et de dix gendarmes qu'il rangea sur deux lignes.

A ce mouvement, sans que l'on frappât au cabinet, le roi en sortit.

— Vous venez me chercher? dit-il.

— Oui, Monsieur.

— Je demande une minute.

Et il rentra en refermant la porte.

— Pour cette fois, tout est fini, mon

père, dit-il en revenant se jeter aux genoux de l'abbé de Fermont ; donnez-moi donc votre dernière bénédiction et priez Dieu qu'il me soutienne jusqu'à la fin.

La bénédiction donnée, le roi se releva, et ouvrant la porte du cabinet, il s'avança vers les municipaux et les gendarmes qui étaient au milieu de la chambre à coucher.

Tous avaient leur chapeau sur la tête.

— Mon chapeau, Cléry, demanda le roi.

Cléry, tout en larmes, s'empressa d'obéir.

— Y a-t-il parmi vous, demanda le roi, quelque membre de la Commune ; vous, je crois?

Et il s'adressait en effet à un municipal nommé Jacques Roux, prêtre assermenté.

— Que me voulez-vous? demanda celui-ci.

Le roi tira son testament de sa poche.

— Je vous prie, dit-il, de remettre ce papier à la reine... à ma femme.

— Nous ne sommes pas venus ici pour prendre tes commissions, répondit Jacques Roux, mais pour te conduire à l'échafaud.

Le roi reçut l'injure avec la même humilité qu'eût fait le Christ, et avec la même douceur que l'homme-dieu, se tournant vers un autre municipal, nommé Gobeau :

— Et vous, Monsieur, demanda-t-il, me refusez-vous aussi ?

Et comme il paraissait hésiter :

— Oh ! dit le roi, vous pouvez en prendre lecture, il y a même des dispositions que je désire que connaisse la Commune.

Le municipal le prit.

Alors voyant Cléry qui, craignant comme le valet de chambre de Charles Ier, que son maître tremblât de froid et qu'on crût que c'était de peur, voyant, disons-nous, Cléry qui lui présentait non-seulement le chapeau qu'il avait demandé, mais encore sa redingotte.

— Non, Cléry, dit-il, donnez-moi seulement mon chapeau.

Cléry donna le chapeau au roi, qui profita de cette occasion pour lui serrer la main une dernière fois.

Alors, de ce ton de commandement

qu'il avait si rarement pris dans sa vie :

— Partons, Messieurs, dit-il.

Ce furent les dernières paroles qu'il prononça dans sa prison.

Sur l'escalier, il rencontra le concierge de la tour, Mathay, que la surveille il avait trouvé assis devant son feu, et qu'il avait d'une voix un peu rude prié de lui céder sa place.

— Mathay, dit-il, j'ai été avant-hier un peu vif avec vous, ne m'en veuillez pas.

Mathay lui tourna le dos sans répondre.

Le roi traversa la première cour à pied, et en traversant cette cour se retourna deux ou trois fois pour dire adieu du regard à son seul amour, à sa femme, à sa seule amitié, à sa sœur, à sa seule joie, à ses enfants.

A l'entrée de la cour se trouvait une voiture de place peinte en vert; deux gendarmes en tenaient la portière. A l'approche du roi, un d'eux y entra le premier et se plaça sur le devant, le roi monta ensuite et fit signe à M. Edgeworth de se placer près de lui, dans le fond. L'autre gendarme y sauta le dernier et ferma la portière.

Deux bruits coururent alors.

Le premier, c'est que l'un de ces deux gendarmes était un prêtre déguisé.

Le second, c'est que tous deux avaient reçu l'ordre d'assassiner le roi à la première tentative qui serait faite pour l'enlever.

Ni l'une ni l'autre de ces deux assertions ne reposa sur une base solide.

A neuf heures un quart la voiture partit.

Un mot encore sur la reine, sur madame Élisabeth et sur les deux enfants que le roi avait, en partant, salué de ses derniers regards à travers les murs de leur prison.

La veille au soir, après l'entrevue douce et terrible à la fois, la reine avait à peine eu la force de déshabiller et de coucher le dauphin. Elle s'était, toute vêtue, jetée sur son lit, et pendant cette longue nuit d'hiver madame Élisabeth et madame Royale l'avaient entendue grelotter de froid et de douleur.

A six heures un quart, la porte des princesses s'était ouverte, et l'on était venu chercher un livre de messe.

Alors toute la famille se prépara, croyant d'après la promesse faite la veille par le roi, qu'elle allait descendre ; mais le temps se passa, la reine et les princesses toujours debout, entendirent les différentes rumeurs qui avaient laissé le roi calme mais fait tressaillir le valet de chambre et le confesseur. Elles entendirent le bruit des portes qu'on ouvrai et qu'on refermait; elles entendirent les cris de la populace qui saluait la sortie du roi ; elles entendirent enfin le bruit décroissant des chevaux et des canons.

La reine alors tomba sur une chaise en disant :

— Il est parti sans nous dire adieu !

Madame Elisabeth et madame Royale tombèrent alors à ses genoux.

Ainsi toutes les espérances s'étaient

envolées une à une, d'abord on avait espéré le bannissement et la prison, et cette espérance s'était évanouïe ; ensuite un sursis, et cette espérance s'était évanouïe ; enfin, on n'espérait plus qu'un coup de main désespéré sur la route, et cette espérance allait s'évanouir encore.

— Mon Dieu ! mon Dieu ! mon Dieu ! criait la reine, et ce dernier appel du désespoir à la divinité était tout ce qu'elle pouvait dire.

La voiture roulait pendant ce temps, et gagnait le boulevard.

Les rues étaient à peu près désertes, les boutiques à moitié fermées ; personne aux portes, personne aux fenêtres.

Un arrêté de la Commune défendait à tout citoyen, ne faisant point partie de la milice armée, de traverser les rues qui débouchaient sur le boulevard, ou de se montrer aux fenêtres sur le passage du cortége.

Un ciel bas et brumeux ne laissait voir au reste qu'une forêt de piques au milieu desquelles brillaient quelques rares bayonnettes. En avant de la voiture marchaient les chevaux, et en avant des chevaux une multitude de tambours.

Le roi eut voulu s'entretenir avec son

confesseur, mais il ne le pouvait à cause du bruit.

L'abbé de Firmont lui prêta son brevière, il lut.

A la porte Saint-Denis il leva la tête ; il lui semblait qu'il s'était fait un mouvement dans la foule.

En effet, une dizaine de jeunes gens se précipitant par la rue Beauregard, venaient, le sabre à la main de fendre cette foule en criant :

— A nous ! ceux qui veulent sauver le roi.

Trois mille conjurés devaient répondre à ce signal donné par le baron de Batz, aventurier conspirateur.

Il donna bravement le signal, mais sur trois mille conjurés, une douzaine seulement répondirent.

Le baron de Batz et ses huit ou dix enfants perdus de la royauté, voyant qu'il n'y avait rien à faire, profitèrent de la confusion causée par leur tentative, et se perdirent dans le réseau de rues qui avoisine la porte Saint-Denis.

C'était ce mouvement qui avait tiré le roi de ses prières ; mais il eut si peu d'importance que la voiture ne s'arrêta même pas.

Quand elle s'arrêta au bout de deux heures dix minutes, c'est qu'elle était au terme de sa course.

Dès que le roi sentit que le mouvement avait cessé, il se pencha vers l'oreille du prêtre, et dit :

— Nous voilà arrivé, Monsieur, si je ne me trompe.

Le silence de M. de Firmont répondit seul.

Au même moment un des trois frères

Sanson, bourreaux de Paris, vint ouvrir la portière.

Mais le roi l'arrêta, et posant la main sur le genou de l'abbé de Firmont :

— Messieurs, dit-il d'un ton de maître, je vous recommande Monsieur, que voilà, ayez soin qu'après ma mort il ne lui soit fait aucune injure ; c'est vous que je charge d'y veiller.

Pendant ce temps les deux autres bourreaux s'étaient approchés.

— Oui, oui, répondit l'un d'eux, nous en aurons soin, laissez-nous faire.

Louis descendit.

Les valets de bourreaux l'entourèrent alors et voulurent lui ôter son habit.

Mais lui les repoussa dédaigneusement et commença de se déshabiller seul.

Un instant le roi resta isolé dans le cercle qu'il s'était fait; jetant son chapeau à terre, ôtant son habit, dénouant sa cravatte.

Mais alors les bourreaux se rapprochèrent de lui.

L'un d'eux tenait une corde à la main.

— Que voulez-vous? demanda le roi.

— Vous lier, répondit le bourreau qui tenait la corde.

— Oh! pour cela, s'écria le roi, je n'y consentirai jamais, renoncez-y, faites ce qui vous est commandé, mais vous ne me lierez pas; non, non, jamais.

Les exécuteurs élevèrent la voix, une lutte corps à corps allait, aux yeux du monde, ôter à la victime le mérite de six mois de calme, de courage et de résignation, lorsqu'un des trois frères Sanson, touché de pitié, mais cependant condamné à exécuter la terrible tâche, s'approcha, et d'un ton respectueux :

— *Sire*, dit-il, avec ce mouchoir.

Le roi regarda son confesseur.

Celui-ci fit un effort pour parler.

— Sire, dit il, ce sera une ressemblance de plus entre Votre Majesté et le Dieu qui va être votre récompense.

Le roi leva les yeux au ciel avec une suprême expression de douleur.

— Assurément, dit-il, il ne faut pas moins que son exemple pour que je me soumette à un pareil affront.

Et se retournant vers les bourreaux

en leur tendant ses mains résignées :

— Faites ce que vous voudrez, dit-il je boirai le calice jusqu'à la lie.

Les marches de l'échafaud étaient hautes et glissantes ; il les monta soutenu par le prêtre. Un instant celui-ci sentant le poids dont il pesait sur son bras, craignit quelque faiblesse dans ce dernier moment.

Mais arrivé à la dernière marche, il s'échappa pour ainsi dire des mains de son confesseur, comme l'âme allait s'échapper de son corps, et courut à l'autre bout de la plate forme.

Il était fort rouge et n'avait jamais paru si vivant et si animé.

Les tambours battaient, il leur imposa silence du regard.

Alors d'une voix forte, il prononça les paroles suivantes :

— Je meurs innocent de tous les crimes qu'on m'impute ; je pardonne aux auteurs de ma mort, et je prie Dieu que le sang que vous allez répandre ne retombe jamais sur la France.

— Battez! tambours, cria une voix que l'on crut longtemps être celle de Santerre, et qui était celle de M. de

Beaufranchet, comte d'Oyat, fils de Louis XV et de la courtisane Morphise.

C'était l'oncle naturel du condamné.

Les tambours battirent.

Le roi frappa du pied.

— Taisez-vous ! cria-t-il d'une voix terrible, j'ai encore à parler.

Mais les tambours continuèrent leur roulement.

— Faites votre devoir, hurlaient les hommes à piques qui entouraient l'échafaud, s'adressant aux exécuteurs.

Ceux-ci se ruèrent sur le roi, qui revint à pas lents vers le couperet, jetant un regard sur ce fer taillé en biseau, dont un an auparavant lui-même avait donné le dessin.

Puis son regard se reporta sur le prêtre qui priait à genoux au bord de l'échafaud.

Il se fit un mouvement informe derrière les deux poteaux de la guillotine, la bascule chavira, la tête parut à la sinistre lucarne, un éclair brilla, un coup mat retentit, et l'on ne vit plus qu'un large jet de sang.

Alors un des exécuteurs, ramassant la

tête, la montra au peuple, tout en aspergeant les bords de l'échafaud du sang royal.

Les hommes à pique, à cette vue, hurlèrent de joie, et se précipitant, trempèrent dans ce sang, les uns leurs piques, les autres leurs sabres, leurs mouchoirs, ceux qui en avaient.

Puis ils poussèrent le cri de : Vive la république !

Mais pour la première fois, ce grand cri qui avait fait tressaillir de joie les peuples, s'éteignit sans écho.

La république, avait au front une de

ces tâches fatales, qui ne s'effacent jamais.

Elle venait, comme l'a dit plus tard un grand diplomate, de commettre bien plus qu'un crime, elle venait de commettre une faute.

Il y eut dans Paris un immense sentiment de stupeur; chez quelques-uns, la stupeur alla jusqu'au désespoir.

Une femme se jeta à la Seine de douleur — un perruquier se coupa la gorge — un libraire devint fou — un ancien officier mourut de saisissement.

Enfin, à l'ouverture de la séance, une

lettre fut ouverte par le président. Cette lettre était d'un homme qui demandait que le corps de Louis XVI lui fût remis, pour qu'il l'enterrât près de son père.

Restaient ce corps et cette tête séparés l'un de l'autre.

Voyons ce qu'ils devinrent.

Nous ne connaissons pas de récits plus terribles, que le texte même d'un procès-verbal.

Voici celui qui fut dressé le jour même :

Procès-verbal de l'inhumation de Louis-Capet.

Le 21 janvier 1793, l'an II de la République française, nous soussignés administrateurs du département de Paris, chargés de pouvoirs par le conseil général du département, en vertu des arrêtés du conseil exécutif provisoire de la République française, nous sommes transportés à neuf heures du matin en la demeure du citoyen Récaves, curé de Sainte-Madeleine, lequel ayant trouvé chez lui, nous lui avons demandé s'il avait pourvu à l'exécution des mesures qui lui avaient été recommandées la veille par le conseil exécutif et par le département, pour l'inhumation de Louis-Capet. Il nous a répondu qu'il avait exécuté de point en point ce qui lui avait été ordonné par le conseil exécutif et par le département, et que tout était à l'instant préparé.

De là, accompagné des citoyens Renard et Damoreau, tous deux vicaires de la paroisse Sainte-Madeleine, chargés par le citoyen curé de procéder à l'inhumation de Louis-Capet, nous nous sommes rendus au lieu du cimetière de ladite paroisse, située rue d'Anjou-Saint-Honoré, où étant, nous avons reconnu l'exécution des ordres par nous signifiés la veille au citoyen curé, en vertu de la commission que nous en avions reçue du conseil général du département.

Peu après a été déposé dans le cimetière, en notre présence, par un détachement de gendarmerie à pied, le cadavre de Louis-Capet que nous avons reconnu entier dans tous ses membres; la tête étant séparée du tronc, nous avons remarqué que les cheveux du derrière de la tête étaient coupés, et que le cadavre était sans cravate, sans habit, et sans souliers. Du reste, il était vêtu d'une chemise, d'une veste piquée en forme de gilet, d'une culotte de drap gris, d'une paire de bas de soie gris.

Ainsi vêtu, il a été placé dans une bière, laquelle a été descendue dans la fosse qui a été recouverte à l'instant, et le tout a été disposé et exécuté d'une manière conforme aux ordres donnés par le conseil exécutif provisoire de la République française, et avons signés avec les citoyens Recaves, Renard et Damoreau, curé et vicaires de Sainte-Madeleine.

Leblanc, *administrateur du département.*

Dubois, *administrateur du département.*

Damoreau, Recave, Renard.

Ainsi le 21 janvier 1793, mourut et fut inhumé le roi Louis XVI.

Il était âgé de trente-neuf ans cinq mois et trois jours.

Il avait régné dix-huit ans.

Il était resté prisonnier cinq mois et huit jours.

Son dernier souhait ne fut point accompli, et son sang, est non-seulement retombé sur la France, mais sur l'Europe tout entière.

V

L'Avis.

Le soir de cette terrible journée, tandis que des hommes à piques parcouraient les rues désertes et illuminées de Paris, plus triste encore par leur illumination, en portant au bout de leurs armes des lambeaux de mouchoirs et de chemises tachés de rouge, en criant :

— Le tyran est mort! voilà le sang du tyran !

Deux hommes se tenaient dans un salon de la rue Saint-Honoré, dans un silence égal, mais dans une attitude bien différente.

L'un, vêtu de noir, était assis devant une table, la tête appuyée entre ses mains, et plongé, soit dans une grande rêverie, soit dans une grande douleur.

L'autre, vêtu d'un costume de campagnard, se promenait à grands pas, l'œil sombre, le front plissé, les bras croisés sur la poitrine.

Seulement chaque fois que dans sa marche qui coupait diagonalement la chambre en deux, celui-ci jetait à la dérobée sur l'autre un regard interrogateur.

Depuis combien de temps étaient-ils ainsi tous deux muets en face l'un de l'autre? nous ne saurions le dire; mais enfin l'homme au costume campagnard, aux bras croisés, au front plissé, à l'œil sombre, parut se lasser de ce silence, et s'arrêtant en face de l'homme en habit noir et au front appuyé entre ses mains :

— Ah ça! citoyen Gilbert, dit-il, en fixant son regard sur celui auquel il s'adressait ; c'est donc à dire que je suis un brigand, moi, parce que j'ai voté la mort du roi.

L'homme à l'habit noir releva la tête, secoua son front mélancolique, et tendant la main à son compagnon :

— Non, Billot, dit-il, vous n'êtes pas plus un brigand que je ne suis un aristocrate ; vous avez voté selon votre conscience, et moi, selon la mienne. Seulement, j'ai voté la vie, et vous, la mort ; or, c'est une chose terrible, Billot, que d'ôter à un homme ce qu'aucun pouvoir humain ne peut lui rendre.

— Ainsi, à votre avis, s'écria Billot, le despotisme est inviolable, la liberté est une révolte, et il n'y a de justice ici-bas que pour les rois, c'est-à-dire pour les tyrans ; alors que restera-t-il au peuple ? le droit de servir et d'obéir, et c'est vous, monsieur Gilbert, vous l'élève de Jean-Jacques, le citoyen des États-Unis qui dites cela.

— Je ne dis point cela, Billot, car ce serait proférer une impiété contre les peuples.

— Voyons, dit Billot, je vais vous parler, moi, monsieur Gilbert, avec la brutalité de mon gros bon sens, et je vous permets de me répondre avec toutes les finesses de votre esprit. — Admettez-vous qu'un peuple qui se croit opprimé par ses prêtres et par son roi ait le droit de déposséder son église, d'abaisser ou même de supprimer son trone, de combattre et de s'affranchir?

— Sans doute.

— Alors, elle a le droit de consolider les résultats de sa victoire?

— Incontestablement.

— Prenez garde, cela va nous mener loin.

— Je vous suivrai où vous me conduirez, Billot, et je vous répondrai par ce seul mot : — Homme ! tu n'as pas le droit de tuer ton semblable !

— Mais le roi n'est pas mon semblable, à moi, s'écria Billot : le roi, c'est mon ennemi. Je me rappelle, quand ma pauvre mère me lisait la Bible, je me rappelle ce que Samuel disait aux Israélites qui lui demandaient un roi.

— Je me le rappelle aussi, Billot, et cependant Samuel sacra Saül, mais ne le tua point.

— Oh ! je sais que si je me jette avec vous à travers la science, je suis perdu. Aussi, je vous dis tout simplement ceci :

Avions-nous le droit de prendre la Bastille?

— Oui.

— Avions-nous le droit, quand le roi a voulu enlever au peuple son droit de libre délibération, de faire la journée du Jeu de Paume ?

— Oui.

— Avions-nous le droit, quand le roi a voulu intimider l'Assemblée constituante par la fête des gardes du corps et par un rassemblement de troupes à Versailles; avions-nous le droit d'aller chercher le roi à Versailles et de le ramener à Paris ?

— Oui.

— Avions-nous le droit, quand le roi a tenté de s'enfuir, de passer à l'ennemi ; avions-nous le droit de l'arrêter à Varennes ?

— Oui.

— Avions-nous le droit quand, après la Constitution de 1791 jurée, nous avons vu le roi parlementer avec l'émigration et conspirer avec les rois ; avions-nous le droit de faire le 20 juin ?

— Oui.

— Lorsqu'il a refusé sa sanction à des lois émanées de la volonté du peuple, avions-nous le droit de faire le 10 août, c'est-à-dire de prendre les Tuileries et de proclamer la déchéance ?

— Oui.

— Avions-nous le droit lorsque, enfermé au Temple, tout puissant qu'il était, le roi continuait d'être une conspiration vivante contre la liberté ; avions-nous ou n'avions-nous pas le droit de le traduire devant la Convention nationale nommée pour le juger ?

— Vous l'aviez.

— Si nous avions le droit de le juger, nous avions le droit de le condamner.

— Oui, à l'exil, au bannissement, à la prison perpétuelle, à tout, excepté à la mort.

— Et pourquoi pas à la mort?

— Parce que coupable dans le résultat, il ne l'est pas dans l'intention. Vous le jugez au point de vue du peuple, vous, mon cher Billot; il a agi, lui, au point de vue de la royauté. Était-ce un tyran, comme vous l'appelez? non. Était-ce un oppresseur du peuple? non. Un complice de l'aristocratie? non. Un ennemi de la liberté? non.

— Alors vous le jugez au point de vue du roi, vous?

— Non, car au point de vue du roi, je l'absoudrais.

— Ne l'avez-vous pas absous en votant la vie?

— Oui, mais avec la prison perpétuelle. Billot, croyez-moi, je l'ai jugé plus partialement encore que je n'eusse voulu. Homme du peuple, ou plutôt fils du peuple, la balance que je tenais dans ma main a penché du côté du peuple.

Vous l'avez regardé de loin, vous, Billot, et vous ne l'avez pas vu comme moi. Mal satisfait de la part de royauté qu'on lui avait faite, tiraillé d'un côté par l'Assemblée qui le trouvait trop puissant encore ; de l'autre, par une reine ambitieuse ; de l'autre, par une noblesse inquiète et humiliée ; de l'autre, par un clergé inplacable ; de l'autre, par une émigration égoïste ; de l'autre, enfin, par ses frères, s'en allant, à travers le monde, pour chercher en son nom des ennemis à la révolution : non, Billot, non ; croyez-moi, plus il y a eu combat, plus il y a eu victoire. Vous l'avez dit, Billot, le roi n'était pas votre semblable : c'était votre ennemi. Or, votre ennemi était vaincu, et l'on ne tue pas un ennemi vaincu. Un meurtre de sangfroid, ce n'est pas un jugement, c'est une immolation. Vous venez de donner à la royauté quelque chose du martyre, à la justice, quelque chose de la vengeance. Prenez garde! prenez garde! en faisant trop, vous n'avez pas fait assez. Charles Ier a été exécuté, et Charles II a été roi. Jacques II a été banni, et ses fils sont morts dans l'exil. La nature humaine est pathétique, Billot, et nous venons d'aliéner de nous pour cinquante ans, pour cent ans, peut-être, cette éminente partie de la population qui juge les révolutions avec le cœur. Ah! croyez-moi, mon ami, ce sont les républicains qui doivent le plus déplorer le sang de Louis XVI; car ce sang retombera sur eux et leur coûtera la république.

— Il y a du vrai dans ce que tu dis-là, Gilbert, répondit une voix qui passait de la porte d'entrée.

Ces deux hommes tressaillirent et se retournèrent d'un même mouvement; et d'une même voix :

— Cagliostro ! dirent-ils.

— Eh ! mon Dieu, oui, répondit celui-ci. Mais il y a du vrai aussi dans ce que dit Billot.

— Hélas ! répondit Gilbert, voilà le malheur, c'est que la cause que nous plaidons a une double face, et que chacun, en l'envisageant de son côté, peut dire : J'ai raison.

— Oui, mais il doit aussi se laisser dire qu'il a tort, reprit Cagliostro.

— Votre avis, maître? demanda Gilbert.

— Oui, votre avis? dit Billot.

— Vous avez tout-à-l'heure jugé l'accusé, dit Cagliostro, moi je vais juger le jugement :

Si vous aviez condamné le roi, vous aviez raison.

Vous avez condamné l'homme, vous avez eu tort.

— Je ne comprends pas, dit Billot.

— Écoutez, car je devine, moi, dit Gilbert.

— Il fallait tuer le roi, continua Cagliostro, comme il était à Versailles ou aux Tuileries, inconnu au peuple derrière son réseau de courtisans, son mur de Suisses; il fallait le tuer le 7 octobre ou le 11 août.

Le 7 octobre, le 11 août, c'était un tyran.

Mais après l'avoir laissé cinq mois au Temple, en communication avec tous, mangeant devant tous, dormant sous les yeux de tous, camarade du prolétaire, de l'ouvrier, du marchand; élevé, par ce faux abaissement, à la dignité d'homme, enfin, il fallait le traiter en homme, c'est-à-dire le bannir ou l'emprisonner.

— Je ne vous comprenais pas, dit Billot à Gilbert, et voilà que je comprends le citoyen Cagliostro.

— Eh! sans doute; mais ce n'est pas le tout que de le montrer; on vous le montre dans ce qu'il a de touchant, d'innocent, de respectable; on vous le montre bon époux, bon père, bon homme. Les niais, je les croyais plus forts que cela, Gilbert. On le change même, on le refait, comme le sculpteur tire la statue du bloc de marbre à force de frapper dessus. A force de frapper sur cet être prosaïque, vulgaire, point méchant, point bon, tout entier à ses habitudes sensuelles, dévot étroitement, à la manière non pas d'un esprit élevé, mais d'un marguillier de paroisse, voilà qu'on nous sculpte dans cette lourde nature une statue du courage, de la patience et de la résignation ; voilà qu'on met cette statue sur le piédestal de la douleur; voilà qu'on l'élève, qu'on le grandit, qu'on le sacre ; voilà qu'on arrive à ce que sa femme l'aime. — Ah! mon cher Gilbert! continue Cagliostro en éclatant de rire, qui nous eût dit, au 14 juillet, aux 5 et 6 octobre, au 10 août, que la reine aimerait jamais le roi ?

— Oh! murmura Billot, si j'eusse pu deviner cela !

— Eh bien! qu'eusse-vous fait, Billot? demanda Gilbert.

— Ce que j'eusse fait? je l'eusse tué

soit au 15 juillet, soit aux 5 et 6 octobre, soit au 10 août; cela m'était bien facile.

Ces mots furent prononcés avec un si sombre accent de patriotisme, que Gilbert les pardonna, que Cagliostro les admira.

— Oui, dit ce dernier après un instant de silence, mais vous ne l'avez pas fait. Vous, Billot, vous avez voté pour la mort; vous, Gilbert, vous avez voté pour la vie.

— Oui, répondirent les deux hommes.

— Eh bien! maintenant, voulez-vous écouter un dernier conseil? Vous, Gilbert, vous ne vous êtes fait nommer membre de la Convention que pour accomplir un devoir; vous, Billot, que pour accomplir une vengeance : devoir et vengeance, tout est accompli; vous n'avez plus besoin ici, partez.

Les deux hommes regardèrent Cagliostro.

— Partez, dit-il, vous n'êtes, ni l'un ni l'autre, des hommes de partis, vous êtes des hommes d'instinct. Or, le roi mort, les partis vont se trouver face à face, et une fois face à face, les partis vont se détruire. Qui succombera le premier? je n'en sais rien; mais je sais que, les uns après les autres, ils succomberont : donc demain, Gilbert, on vous fera un crime de votre indulgence, et après demain, peut-être avant, Billot, de votre sévérité. Croyez-moi, dans la lutte mortelle qui se prépare entre la haine, la crainte, la vengeance, le fanatisme, bien peu resteront purs; les uns se tacheront de boue, les autres de sang. Partez, mes amis, partez.

— Mais la France, dit Gilbert.

— Oui, la France, répéta Billot.

— La France matériellement est sauvée, dit Cagliostro; l'ennemi de dehors est battu, l'ennemi du dedans est mort. Tout dangereux que soit pour l'avenir l'échafaud du 21 janvier, il est incontestable qu'il est une grande puissance dans le présent, la puissance des résolutions sans retour. Le supplice de Louis XVI voue la France à la vengeance des trônes et donne à la république la force convulsive et désespérée des nations condamnées à mort. Voyez Athènes dans les temps antiques, voyez la Hollande dans les temps modernes. Les transactions, les négociations, les indécisions ont cessé à partir de ce matin; la révolution tient la hache d'une main, le drapeau tricolore de l'autre. Partez tranquilles; avant qu'elle dépose la hache, l'aristocratie sera décapitée; avant qu'elle dépose le drapeau tricolore, l'Europe sera vaincue. Partez, mes amis, partez.

— Oh! dit Gilbert, Dieu m'est témoin que si l'avenir que vous me prophétisez est vrai, je ne regrette pas la France; mais où irons-nous?

— Ingrat! dit Cagliostro, oublie-tu ta seconde patrie, l'Amérique? oublie-tu ces lacs immenses, ces forêts vierges, ces prairies comme des océans? n'as-tu pas besoin, toi qui peux te reposer, du repos de la nature après ces terribles agitations de la société?

— Me suivrez-vous, Billot? demanda Gilbert en se levant.

— Me pardonnerez-vous? demanda Billot en faisant un pas vers Gilbert.

Les deux hommes se jetèrent dans les bras l'un de l'autre.

— C'est bien, dit Gilbert, nous partirons.

— Quand cela? demanda Cagliostro.

— Mais dans... huit jours.

Cagliostro secoua la tête.

— Vous partirez ce soir, dit-il.

— Pourquoi ce soir?

— Parce que je pars demain.

— Et où allez-vous?

— Vous le saurez un jour, amis.

— Mais comment partir?

— Le *Franklin* appareille dans trente-six heures pour l'Amérique.

— Mais des passeports?

— En voilà.

— Mon fils?

Cagliostro alla ouvrir la porte.

— Entrez, Sébastien, dit-il, votre père vous appelle.

Le jeune homme entra et vint se jeter dans les bras de son père.

Billot soupira profondément.

— Il ne nous manque plus qu'une voiture de poste, dit Gilbert.

— La mienne est toute attelée à la porte.

Gilbert alla à un secrétaire où était la bourse commune ; — un millier de louis, — et fit signe à Billot d'en prendre sa part.

— Avons-nous assez ? demanda Billot.

— Nous avons plus qu'il ne nous faut pour acheter une province.

Billot regarda autour de lui avec embarras.

— Que cherchez-vous, mon ami? demanda Gilbert.

— Je cherche, dit Billot, une chose qui me serait inutile si je la trouvais, puisque je ne sais pas écrire.

Gilbert sourit, prit une plume, de l'encre et du papier.

— Dictez, dit-il.

— Je voudrais dire adieu à Pitou, dit Billot.

— Je m'en charge pour vous.

Et il écrivit.

Quand il eut fini :

— Qu'avez-vous écrit? lui demanda Billot.

Gilbert lut :

« Mon cher Pitou,

« Nous quittons la France, Billot, Sébastien et moi, et nous vous embrassons bien tendrement tous trois.

« Nous pensons que, comme vous êtes à la tête de la ferme de Billot, vous n'avez besoin de rien.

« Un jour probablement nous vous écrirons de venir nous rejoindre.

« Votre ami,
« GILBERT. »

— C'est tout? demanda Billot.

— Il y a un *postscriptum,* dit Gilbert.

— Lequel?

Gilbert regarda le fermier en face et dit :

— Billot vous recommande Catherine.

Billot poussa un cri de reconnaissance et se jeta dans les bras de Gilbert.

Dix minutes après, la chaise de poste

qui emportait Gilbert, Sébastien et Billot loin de Paris, roulait sur la route du Havre.

EPILOGUE.

Ce que faisaient le 15 février 1794 Ange-Pitou et Catherine Billot.

Un an environ après les événements que nous venons de raconter, par une belle et froide matinée du terrible hiver de 1794, trois ou quatre cents per‑ sonnes, c'est-à-dire le sixième à peu près de la population de Villers-Cotterêts, attendaient sur la place du château et dans la cour de la mairie la sortie de deux fiancés, dont notre ancienne connaissance, le maire, M. de Longpré était en train de faire deux époux.

Ces deux fiancés étaient Ange Pitou et Catherine Billot.

Hélas ! il avait fallu de bien graves événements pour amener l'ancienne maîtresse du vicomte de Charny, la mère du petit Isidor, à devenir madame Ange Pitou.

Ces événements chacun les racontait et les commentait à sa façon, mais de quelque façon qu'on les commentât et racontât, il n'y avait pas un des récits ayant cours sur la place qui ne fût à la plus grande gloire du dévouement d'Ange Pitou et de la sagesse de Catherine Billot.

Seulement plus les deux futurs époux étaient intéressants plus on les plaignait.

Peut-être étaient-ils plus heureux qu'aucun des individus mâle et femelle composant cette foule ; mais la foule est ainsi faite, il faut toujours qu'elle plaigne ou envie.

Ce jour-là elle était tournée à la pitié, elle plaignait.

En effet, les événements prévus par Cagliostro dans la soirée du 21 janvier avaient marché d'un pas terrible, laissant après eux une longue et ineffaçable tache de sang.

Le 1er février 1793 la Convention nationale avait rendu un décret portant création de la somme de huit cent millions d'assignats, ce qui portait la totalité des assignats émis à la somme de trois milliards cent millions.

Le 28 mars 1793, la Convention, sur le rapport de Treillard, avait rendu un décret qui bannissait à perpétuité les émigrés, qui les déclarait morts civilement et leurs biens acquis à la République.

Le 7 novembre, la Convention avait rendu un décret qui chargeait le comité d'instruction publique de présenter un projet tendant à substituer un culte raisonnable et civique au culte catholique.

Nous ne parlons pas de la proscription et de la mort des Girondins. Nous ne parlons pas de l'exécution du duc d'Orléans, de la reine, de Bailly, de Danton, de Camille-Desmoulin et de bien d'autres, ces événements ayant eu leur retentissement jusqu'à Villers-Cotterêts, mais non leur influence sur les personnages dont il nous reste à nous occuper.

Le résultat de la confiscation des biens était que, Billot et Gilbert étant considérés comme émigrés, leurs biens avaient été confisqués et mis en vente.

Il en était de même des biens du comte de Charny, tué le 10 août, et de la comtesse, massacrée le 2 septembre.

En conséquence de ce décret, Catherine avait été mise à la porte de la ferme de Pisseleux, considérée comme propriété nationale.

Pitou avait bien voulu réclamer au nom de Catherine, mais Pitou était devenu un modéré, Pitou était tant soit peu suspect, et les personnes sages lui donnèrent le conseil de ne s'opposer ni en actions, ni en pensées aux ordres de la nation.

Catherine et Pitou s'étaient donc retirés à Haramont.

Catherine avait bien l'idée d'aller habiter, comme autrefois, la hutte de la Pierre-Clouïs, mais quand elle s'était présentée à la porte de l'ex-garde de M. le duc d'Orléans, celui-ci avait mis son doigt sur sa bouche en signe de silence et avait secoué la tête en signe d'impossibilité.

Cette impossibilité venait de ce que la place était déjà occupée.

La loi sur le bannissement des prêtres non assermentés avait été mise en vigueur et, comme on le comprend bien, l'abbé Fortier n'ayant pas voulu prêter serment, avait été banni ou plutôt s'était banni.

Mais il n'avait pas jugé à propos de passer la frontière, et son bannissement s'était borné à quitter sa maison de Villers-Cotterêts où il avait laissé mademoiselle Alexandrine pour veiller à son mobilier et à aller demander au père Clouïs un asile que celui-ci s'était empressé de lui accorder.

La hutte du père Clouïs on se le rappelle n'était qu'une simple grotte creusée sous terre, où une seule personne était déjà assez mal à l'aise ; il était donc difficile d'ajouter à l'abbé Fortier Catherine, Billot et le petit Isidor.

Puis on se rappelle la conduite intolérante tenue par l'abbé Fortier à la mort de madame Billot ; Catherine n'était pas assez bonne chrétienne pour pardonner à l'abbé le refus de sépulture fait à sa mère, et eût-elle été assez bonne chrétienne pour pardonner elle, que l'abbé Fortier était trop bon catholique pour pardonner lui.

Il fallait donc renoncer à habiter la hutte du père Clouïs.

Restaient la maison de tante Angélique, au Pleux, et la petite chaumière de Pitou, à Haramont.

Il ne fallait pas même songer à la maison de tante Angélique, tante Angélique, au fur et à mesure que la révolution suivait son cours, était devenue de plus en plus accariâtre, ce qui semblait incroyable, et de plus en plus maigre, ce qui paraissait impossible.

Ce changement dans son moral et dans son physique tenait à ce qu'à Villers-Cotterêts, comme ailleurs, les églises avaient été fermées en attendant qu'un culte raisonnable et civique ait été inventé par le comité d'instruction publique.

Or, les églises étant fermées, le bail des chaises qui faisait le principal revenu de tante Angélique était tombé à néant.

C'était le tarissement de ses ressources qui rendait tante Angélique plus maigre et plus accariâtre que jamais.

Ajoutons qu'elle avait entendu si souvent raconter la prise de la Bastille par

Billot et Ange Pitou qu'elle avait si souvent vu à l'époque des grands événements parisiens, le fermier et son neveu partir tout-à-coup pour la capitale, qu'elle ne doutait aucunement que la Révolution française ne fut conduite par Ange Pitou et par Billot, et que les citoyens Danton; Marat, Robespierre et autres ne fussent que les agents secondaires de ces principaux meneurs.

Mademoiselle Alexandrine, comme on le comprend bien, l'entretenait dans ses idées tant soit peu erronées, auxquelles le vote régicide de Billot était venu donner toute l'exaltation haineuse du fanatisme.

Il ne fallait donc pas penser à mettre Catherine chez tante Angélique.

Restait la petite chaumière de Pitou à Haramont.

Mais comment habiter à deux et même à trois cette petite chaumière sans donner prises aux plus mauvais propos.

C'était encore plus impossible que d'habiter la hutte du père Clouïs.

Pitou s'était donc résolu à demander l'hospitalité à son ami Désiré Maniquet. Hospitalité que le digne Haramontois lui avait accordée, et que Pitou payait en industries de toutes sortes.

Mais tout cela n'était point une position pour la pauvre Catherine.

Pitou avait pour elle toutes les attentions d'un ami, toutes les tendresses d'un frère ; mais Catherine sentait bien que ce n'était ni comme un frère, ni comme un ami que l'aimait Pitou.

Le petit Isidor sentait bien cela aussi, lui, pauvre enfant qui n'ayant jamais eu le bonheur de connaître son père, aimait Pitou comme il eut aimé le comte de Charny, mieux peut-être, car il faut le dire, Pitou était l'adorateur de la mère, mais il était l'esclave de l'enfant.

On eût dit qu'il comprenait, l'habile stratégiste, qu'il n'y avait qu'un moyen d'entrer dans le cœur de Catherine, c'était d'y entrer à la suite d'Isidor.

Mais, hâtons-nous de le dire, aucun calcul de ce genre ne ternissait la pureté des sentiments de l'honnête Pitou. Pitou était resté ce que nous l'avons vu, c'est-à-dire le garçon naïf et dévoué des premiers chapitres de notre livre, et si un changement s'était fait en lui, c'est qu'en atteignant sa majorité, Pitou était devenu peut-être plus dévoué encore et plus candide que jamais.

Toutes ces qualités touchaient Catherine jusqu'aux larmes. Elle sentait que

Pitou l'aimait ardemment, l'aimait jusqu'à l'adoration, jusqu'au fanatisme, et parfois elle se disait qu'elle voudrait bien reconnaître un si grand amour, un si complet dévouement par un sentiment plus tendre que l'amitié.

A force de se dire cela, il était arrivé que peu à peu la pauvre Catherine se sentant, à part Pitou, complètement isolée dans ce monde, comprenant que si elle venait à mourir, son pauvre enfant, à part encore Pitou, se trouverait seul. Il était arrivé que peu à peu Catherine en était venue à donner à Pitou la seule récompense qui fut en son pouvoir : de lui donner toute son amitié et toute sa personne.

— Hélas! son amour, cette fleur éclatante et parfumée de la jeunesse, son amour maintenant était au ciel.

Près de six mois se passèrent pendant lesquels Catherine, mal faite encore à cette pensée, la garda dans un coin de son esprit, bien plus que dans le fond de son cœur.

Pendant ces six mois, Pitou, quoique accueilli chaque jour par un plus doux sourire, quoique congédié chaque soir par une plus tendre poignée de main, Pitou n'avait pas eu l'idée qu'il pouvait se faire dans les sentiments de Catherine un pareil revirement en sa faveur.

Mais comme ce n'était pas dans l'espoir d'une récompense que Pitou était dévoué, que Pitou était aimant, — Pitou tout ignorant qu'il fût des sentiments de Catherine à son égard, —Pitou n'en était que plus dévoué à Catherine, — Pitou n'en était que plus amoureux de Catherine.

Et cela eut duré ainsi jusqu'à la mort de Catherine ou de Pitou. — Pitou eût-il atteint l'âge de Philémon, et Catherine celui de Beaucis, sans qu'il se fît la moindre altération dans les sentiments du capitaine de la garde nationale d'Haramont.

Aussi fut-ce à Catherine à parler la

première, comme parlent les femmes.

Un soir, au lieu de lui tendre la main, elle lui tendit le front.

Pitou crut à une distraction de Catherine : il était trop honnête homme pour profiter d'une distraction.

Il recula d'un pas.

Mais Catherine ne lui avait pas lâché la main, elle l'attira à elle, lui présentan non plus le front, mais la joue.

Pitou hésita bien davantage.

Ce que voyant le petit Isidor, il se mit à dire :

— Mais embrasse donc maman Catherine, papa Pitou.

— Oh! mon Dieu, murmura Pitou, pâlissant comme s'il allait mourir.

Et il posa sa lèvre froide et tremblante sur la joue de Catherine.

Alors prenant son enfant, Catherine le mit dans les bras de Pitou.

— Je vous donne l'enfant, Pitou, voulez-vous avec lui prendre la mère, — dit-elle.

Pour le coup, la tête tourna à Pitou, il ferma les yeux, et tout en serrant l'enfant sur sa poitrine, il tomba sur une chaise en criant avec cette délicatesse du cœur, que le cœur seul peut apprécier :

— Ah! monsieur Isidor, — oh! mon cher monsieur Isidor, que je vous aime.

Isidor appelait Pitou, — papa Pitou. — mais Pitou appelait le fils du vicomte de Charny, *monsieur Isidor*.

Et puis, comme il sentait que c'était surtout par amour pour son fils que Catherine voulait bien l'aimer, ce n'était pas à Catherine qu'il disait :

— Oh! que je vous aime, mademoiselle Catherine.

Mais à Isidor.

— Oh! que je vous aime, monsieur Isidor.

Ce point arrêté, que Pitou aimait encore plus Isidor que Catherine, on parla du mariage.

Pitou dit à Catherine :

— Je ne vous presse pas, mademoiselle Catherine, prenez tout votre temps, mais si vous voulez me rendre bienheureux, ne le prenez pas trop long.

Catherine prit un mois.

Au bout de trois semaines, Pitou, en grand uniforme, alla respectueusement faire visite à tante Angélique, dans le but de lui faire part de sa prochaine union avec mademoiselle Catherine Billot.

Tante Angélique vit de loin venir son neveu, et se hâta de fermer sa porte.

Mais Pitou ne continua pas moins de s'acheminer vers la porte inhospitalière à laquelle il frappa respectueusement.

— Qui va là ? demanda la tante Angélique de sa voix la plus rauque.

— Moi, votre neveu, tante Angélique.

— Passe ton chemin, septembriseur, dit la vieille fille.

— Ma tante, continua Pitou, je venais pour vous annoncer une nouvelle qui ne saurait manquer de vous être agréable, en ce qu'elle fait mon bonheur.

— Et qu'elle est cette nouvelle, Jacobin?

— Ouvrez-moi votre porte et je vous la dirai.

— Dis-là à travers la porte, je n'ouvre

pas ma porte à un sans-culotte comme toi.

— C'est votre dernier mot? ma tante.

— C'est mon dernier mot.

— Eh bien! ma petite tante, je me marie.

La porte s'ouvrit comme par enchantément.

— Et avec qui? malheureux, demanda tante Angélique.

— Avec mademoiselle Catherine Billot, répondit Pitou.

— Ah ! le misérable ! — ah ! l'infâme ! — ah ! le Brissotin ! dit tante Angélique, il se marie avec une fille ruinée ; — va-t-en malheureux, je te maudis !

Et avec un geste plein de noblesse, tante Angélique tendit ses deux mains jaunes et sèches à l'encontre de son neveu.

— Ma tante, dit Pitou, vous comprenez bien que je suis trop habitué à vos malédictions pour que celle-ci me préoccupe plus que n'ont fait les autres. Maintenant, je vous devais la politesse de vous annoncer mon mariage, je vous l'ai annoncé, la politesse est faite, adieu, tante Angélique.

Et Pitou, portant militairement la main à son chapeau à trois cornes, tira sa révérence à tante Angélique et reprit la route à travers le Pleux.

I

De l'effet produit sur tante Angélique, par l'annonce du mariage de son neveu avec Catherine Billot.

Pitou avait à faire part de son futur mariage à M. de Longpré, qui demeurait rue de l'Ormet. M. de. Longpré, moins prévenu que tante Angélique contre la famille Billot, félicita Pitou sur la bonne action qu'il faisait.

Pitou écouta tout émerveillé; il ne comprenait pas qu'en faisant son bonheur il fît en même temps une bonne action.

Au reste, Pitou, pur républicain, était plus que jamais reconnaissant à la république, toutes les longueurs étant supprimées *par le fait* de la suppression des mariages à l'église.

Il fut donc convenu entre M. Longpré et Pitou que le samedi suivant Catherine Billot et Ange Pitou seraient unis à la mairie.

C'était le lendemain, dimanche, que devait avoir lieu par adjudication la vente de la ferme de Pisseleux et du château de Boursonne.

La ferme était mise au prix de 400,000 francs, et le château au prix de 600,000 francs en assignats.

Les assignats commençaient à perdre effroyablement ; le louis d'or valait 920 francs en assignats.

Mais personne n'avait plus de louis d'or.

Pitou était revenu tout courant annoncer cette bonne nouvelle à Catherine.

Il s'était permis d'avancer de deux jours le terme fixé pour le mariage, et il avait grande peur que cette avance ne contrariât Catherine.

Catherine ne parut pas contrariée et Pitou fut aux anges.

Seulement Catherine exigea que Pitou fît une seconde visite à tante Angélique, pour lui annoncer le jour précis du mariage et l'inviter à assister à la cérémonie.

C'était la seule parente qu'eût Pitou, et quoique ce ne fût pas une parente bien tendre, il fallait que Pitou mît les procédés de son côté.

En conséquence, le jeudi matin Pitou se rendit à Villers-Cotterêts, dans le but de faire une seconde visite à la tante.

Neuf heures sonnaient comme il arrivait en vue de la maison.

Cette fois tante Angélique n'était point sur la porte, et même, comme si tante Angélique eût attendu Pitou, la porte était fermée.

Pitou pensa qu'elle était déjà sortie, et fut enchanté de la circonstance. La visite était faite, et une lettre bien tendre et bien respectueuse remplacerait le discours qu'il comptait lui tenir.

Mais comme Pitou était un garçon consciencieux avant tout, il frappa à la porte, si bien close qu'elle fût, et comme personne ne répondait à ses heurtes, il appela.

Au double bruit que faisait Pitou en appelant et en frappant, une voisine apparut.

— Ah! mère Fagot, demanda Pitou, savez-vous si ma tante est sortie?

— Elle ne répond pas? demanda la mère Fagot.

— Non, vous voyez bien; sans doute elle est dehors.

La mère Fagot secoua la tête.

— Je l'aurais vue sortir, dit-elle, ma porte ouvre sur la sienne, et il est bien rare qu'en se réveillant elle ne vienne pas passer chez nous un peu de cendres chaudes dans ses sabots; avec cela, pauvre chère femme, elle est réchauffée pour toute la journée, n'est-ce pas voisin Farolet?

Cette interpellation était adressée à un nouvel acteur qui, ouvrant à son tour la porte au bruit, venait se mêler à la conversation.

— Que dites-vous, madame Fagot?

— Je dis que tante Angélique n'est pas sortie. L'avez-vous vue, vous ?

— Non, et j'affirmerai même qu'elle est encore chez elle, attendu que, si elle était levée et sortie, les contrevents seraient ouverts.

— Tiens, c'est vrai, dit Pitou. Ah ! mon Dieu, est-ce qu'il lui serait arrivé quelque malheur à ma pauvre tante ?

— C'est bien possible, dit la mère Fagot.

— C'est plus que possible, c'est probable, dit sentencieusement M. Farolet.

— Ah ! par ma foi, elle ne m'était pas bien tendre, dit Pitou ; mais n'importe, cela me ferait de la peine. Comment donc s'assurer de cela ?

— Bon ! dit un troisième voisin, ce n'est pas chose difficile ; il n'y a qu'à envoyer chercher M. Rigolot, le serrurier.

— Si c'est pour ouvrir la porte, dit Pitou, c'est inutile ; j'avais l'habitude de l'ouvrir avec mon couteau.

— Eh bien ! ouvre-la, mon garçon, dit M. Farolet ; nous serons là pour constater que tu ne l'as pas ouverte dans une mauvaise intention.

Pitou tira son couteau, puis au milieu d'une douzaine de personnes attirées par l'événement, il s'approcha de la porte avec une dextérité qui prouvait que plus d'une fois il avait usé de ce moyen pour rentrer au domicile de sa jeunesse; il fit glisser le pêne dans la gache.

La porte s'ouvrit.

La chambre était dans l'obscurité la plus complète.

Mais la porte ouverte, la clarté entra peu à peu; clarté triste et funèbre d'une matinée d'hiver, et à la lumière de ce jour, si sombre qu'elle fût, on commença à distinguer tante Angélique, couchée dans son lit.

Pitou appela deux fois : Tante Angélique ! tante Angélique !

La vieille fille resta immobile et ne répondit pas.

Pitou s'approcha et tâta le corps.

— Oh ! dit-il, elle est froide et raide.

On ouvrit la fenêtre.

Tante Angélique était morte.

— En voilà un malheur ! dit Pitou.

— Bon! dit Farolet, pas si grand. Elle ne t'aimait pas fort, mon garçon, tante Angélique.

— C'est possible, dit Pitou, mais moi je l'aimais bien.

Deux grosses larmes coulèrent sur les joues du digne garçon.

— Ah! ma pauvre tante Angélique, dit-il, et il tomba à genoux devant le lit.

— Dites donc, monsieur Pitou, dit la mère Fagot, si vous avez besoin de quelque chose, nous sommes à votre disposition. Dame ! on a des voisins ou on n'en a pas.

— Merci, mère Fagot. Votre gamin est-il là ?

— Oui. — Eh ! Fagotin, cria la bonne femme.

Un gamin de quatorze ans parut sur le seuil de la porte.

— Me voilà, mère, dit-il.

— Eh bien ! continua Pitou, priez-le de courir jusqu'à Haramont, et de dire à Catherine qu'elle ne soit pas inquiète, mais que j'ai trouvé tante Angélique morte. Pauvre tante! — Pitou essuya de nouvelles larmes. — Et que c'est cela qui me retient à la ville.

— Tu as entendu, Fagotin? dit la mère Fagot.

— Oui.

— Eh bien! décampe.

— Passe par la rue de Soissons, dit le sentencieux Farolet, et préviens M. Raynal qu'il y a un cas de mort subite à constater sur tante Angélique.

— Tu entends?

— Oui, mère, dit le gamin.

Et, prenant ses jambes à son cou, il détala dans la direction de la rue de Soissons, qui fait suite à celle des Pleux.

Le rassemblement avait été grossissant ; il y avait une centiane de personnes devant la porte. Chacun donnant son opinion sur la mort de tante Angélique, les uns penchant pour l'apoplexie foudroyante, les autres pour une rupture des vaisseaux du cœur, les autres pour une consomption arrivée au dernier degré

Toutes murmuraient tout bas :

— Si Pitou n'est pas maladroit, il trouvera quelque bon magot sur la plus haute planche d'une armoire, dans un pot à beurre, ou au fond de la paillasse, dans un bas de laine.

Sur ces entrefaites, M. Raynal arriva, précédé par le receveur-général.

On allait savoir de quoi tante Angélique était morte.

M. Raynal entra, s'approcha du lit, examina la malade, pesa de sa main sur l'épigastre et sur l'abdomen, et déclara, au grand étonnement de toute la société, que tante Angélique était tout simplement morte de froid et probablement de faim.

Les larmes de Pitou redoublèrent à cette déclaration.

— Ah! pauvre tante! pauvre tante! s'écria-t-il; et moi qui la croyais riche! Je suis un malheureux de l'avoir abandonnée! Ah! si j'avais su cela! — Pas possible, monsieur Raynal! pas possible!

— Cherchez dans la huche et vous verrez s'il y a du pain; cherchez dans le bûcher et vous verrez s'il y a du bois. Je lui avais toujours prédit qu'elle mourrait comme cela, la vieille avare.

On chercha, il n'y avait pas une broutille de bois dans le bûcher, pas une miette de pain dans la huche.

— Ah! que ne disait-elle cela, s'écria Pitou, j'aurais été au bois pour la chauffer; j'aurais braconné pour la nourrir. C'est votre faute aussi, continuait le pauvre garçon, accusant ceux qui se trouvaient là; pourquoi ne me disiez-vous pas qu'elle était pauvre?

— Nous ne vous disions pas qu'elle était pauvre, monsieur Pitou, dit Farolet, par la raison infiniment simple que tout le monde la croyait riche.

M. Raynal avait jeté le drap par-dessus la tête de tante Angélique et s'acheminait vers la porte.

Pitou courut à lui.

— Vous vous en allez, monsieur Raynal, lui dit-il.

— Et que veux-tu que je fasse ici? mon garçon.

— Elle est donc décidément morte?

Le docteur haussa les épaules.

— Oh! mon Dieu! mon Dieu! dit

Pitou;. et morte de froid! morte de faim!

M. Raynal fit un signe au jeune homme, qui s'approcha de lui.

— Garçon, lui dit-il, je ne te conseille pas moins de chercher haut et bas, tu comprends?

— Mais, monsieur Raynal, puisque vous dites qu'elle est morte de faim et de froid?

— On a vu des avares, dit M. Raynal,

qui mouraient de faim et de froid couchés sur leur trésor.

Puis mettant le doigt à sa bouche.

— Chut! dit-il, et il s'en alla.

III

Le fauteuil de tante Angélique.

Pitou eut peut-être réfléchi plus profondément à ce que venait de lui dire M. Raynal, s'il n'eut pas vu de loin Catherine qui accourait, son enfant dans ses bras.

Depuis que l'on savait que selon toute probabilité tante Angélique était morte de faim et de froid, l'empressement de la part des voisins à lui rendre les derniers devoirs était un peu moins grand.

Catherine arrivait donc à merveille. Elle déclara que se regardant comme la femme de Pitou, c'était à elle à rendre les derniers devoirs à tante Angélique. Ce qu'elle fit avec le même respect qu'elle avait, pauvre créature, fait dix-huit mois auparavant pour sa mère.

Pitou pendant ce temps-là irait tout commander pour l'enterrement fixé forcément au surlendemain. Le cas de mort subite faisant que tante Angélique ne pouvait être inhumée qu'au bout de quarante-huit heures.

Il ne s'agissait plus que de s'entendre avec le maire, le menuisier et le fossoyeur, les cérémonies religieuses étant supprimées à l'endroit des enterrements comme à celui des mariages.

— Mon ami, dit Catherine à Pitou, au moment où il prenait son chapeau pour aller chez M. de Longpré, après l'accident qui vient d'arriver, ne serait-il pas convenable de retarder notre mariage d'un jour ou deux ?

— C'est comme vous voudrez, mademoiselle Catherine, dit Pitou.

— Ne trouverait-on pas singulier, que le jour même où vous avez porté votre tante en terre, vous accomplissiez un acte aussi important que celui du mariage.

— Bien important pour moi, en effet, dit Pitou, puisqu'il s'agit de mon bonheur.

— Eh bien! mon ami, consultez M. de Longpré, et ce qu'il vous dira de faire vous le ferez.

— Soit, mademoiselle Catherine.

— Et puis cela n'aurait qu'à nous porter malheur de nous marier si près d'une tombe.

— Oh! dit Pitou, du moment où je serai votre mari, je défie au malheur de mordre sur moi.

— Cher Pitou, dit Catherine en lui tendant la main, remettons cela à lundi, vous le voyez, je tâche d'allier autant que possible votre désir avec les convenances.

— Ah! deux jours, mademoiselle Catherine, c'est bien long.

— Bon ! dit Catherine, lorsque l'on a attendu cinq ans...

— Il arrive bien des choses en quarante-huit heures, dit Pitou.

— Il n'arrivera pas que je vous aime moins, mon cher Pitou, et comme c'est, à ce que vous prétendez, la seule chose que vous ayez à craindre...

— La seule ! oh oui ! la seule, mademoiselle Catherine.

— Eh bien ! en ce cas, Isidor.

— Maman, dit l'enfant.

— Dis à papa Pitou : n'aie pas peur, papa Pitou ; maman t'aime bien et maman t'aimera toujours.

L'enfant répéta de sa petite voix douce :

— N'aie pas peur papa Pitou, maman t'aime bien et maman t'aimera toujours.

Sur cette assurance Pitou ne fit plus aucune difficulté de s'en aller chez M. de Longpré.

Pitou revint au bout d'une heure, il avait tout réglé, enterrement et mariage, tout payé d'avance.

Du reste de son argent il avait acheté un peu de bois et des provisions pour deux jours.

Il était temps que le bois arrivât; on comprenait dans cette pauvre maison du Pleux où le vent entrait de tous les côtés que l'on pût mourir de froid.

Au retour, Pitou trouva Catherine à moitié gelée.

Le mariage, selon le désir de Catherine, avait été remis au lundi.

Les deux jours et les deux nuits s'écoulèrent sans que Catherine et Pitou se quittassent un instant. Ils passèrent les deux nuits, veillant au chevet de la morte.

Malgré le feu énorme que Pitou avait le soin d'entretenir dans la cheminée, le vent pénétrait aigre et glaçant, et Pitou comprenait que si tante Angélique n'était pas morte de faim, elle avait parfaitement pu mourir de froid.

Le moment vint d'enlever le corps ; le transport était proche, la maison de tante Angélique touchait presqu'au cimetière.

Tout le Pleux et une partie de la ville suivit la défunte à sa dernière demeure. En province les femmes vont aux enterreménts; Pitou et Catherine menèrent le deuil.

La cérémonie terminée, Pitou remercia les assistants au nom de la morte et en son nom, et après avoir jeté un goupillon d'eau bénite sur la tombe de la vieille fille, chacun, comme d'habitude, défila devant Pitou.

Resté seul avec Catherine, Pitou se tourna du côté où il l'avait laissée. Catherine n'était plus là, Catherine était à genoux avec le petit Isidor sur une tombe aux quatre coins de laquelle s'élevaient quatre cyprès.

Cette tombe était celle de la mère Billot.

Ces quatre cyprès, c'était Pitou qui les avait été chercher dans la forêt et qui les avait plantés.

Il ne voulut point déranger Catherine dans cette pieuse occupation, mais pensant que sa prière finie, Catherine aurait grand froid, il courut à la maison dans l'intention de faire un énorme feu.

Malheureusement, une chose s'opposait à cette prévoyance, la provision de bois était épuisée.

Pitou se gratta l'oreille. Le reste de son argent, on se le rappelle, était passé à faire la provision de pain et de bois.

Pitou regarda tout autour de lui cherchant quel meuble il pouvait sacrifier au besoin du moment.

Il y avait le lit, la huche et le fauteuil de tante Angélique.

La huche et le lit, sans avoir une grande valeur, n'étaient point cependant hors d'usage; mais le fauteuil, il y avait longtemps que nul, excepté tante Angélique, n'osait s'asseoir dessus, tant il était effroyablement disloqué.

Le fauteuil fut donc condamné.

Pitou procédait comme le tribunal révolutionnaire, — à peine condamné, le fauteuil devait être exécuté.

Pitou appuya son genou sur le maroquin noirci à force de vieillesse, saisit des deux mains un des montants et tira à lui.

A la troisième secousse, le montant céda.

Le fauteuil, comme s'il eut éprouvé une douleur à ce démembrement, rendit une plainte étrange. Si Pitou eut été superstitieux, il eût cru que l'âme de tante Angélique était enfermée dans ce fauteuil.

Mais Pitou n'avait qu'une superstition au monde, c'était son amour pour Catherine. Le fauteuil était condamné à chauffer Catherine, et eût-il répandu autant de sang et poussé autant de plaintes que les arbres enchantés de la forêt du Tasse, le fauteuil aurait été mis en morceaux.

Pitou saisit donc le second montant d'un bras aussi vigoureux qu'il avait saisi le premier, et, d'un effort pareil à celui qu'il avait déjà fait, il l'arracha de la carcasse, aux trois quarts disloquée.

Le fauteuil fit entendre le même bruit étrange, singulier, métallique.

Pitou resta impassible, il prit par un pied ce meuble mutilé, le leva au-dessus de sa tête, et pour achever de le briser, il le frappa de toutes ses forces contre le carreau.

Cette fois, il se fendit en deux, et, au grand étonnement de Pitou, par la blessure ouverte, vomit, non pas des flots de sang, mais des flots d'or.

On se rappelle qu'aussitôt que tante Angélique avait réuni vingt-quatre livres d'argent blanc, elle troquait ces vingt-quatre livres contre un louis d'or, et introduisait le louis d'or dans le fauteuil.

Pitou resta ébahi, chancelant de surprise, fou d'étonnement.

Son premier mouvement fut de courir

après Catherine et le petit Isidor, de les amener tous deux et de leur montrer le trésor qu'il venait de découvrir.

Mais une réflexion terrible le retint.

Catherine, le sachant riche, l'épouserait-elle toujours?

Il secoua la tête.

— Non, dit-il, non, elle refuserait.

Il resta un instant immobile, réfléchissant, soucieux.

Puis un sourire passa sur son visage.

Sans doute il avait trouvé un moyen

de sortir de l'embarras où l'avait mis cette richesse inattendue.

Il ramassa les louis qui étaient à terre, acheva d'éventrer le fauteuil avec son couteau, chercha dans les moindres recoins du crin et de l'étoupe.

Tout était farci de louis.

Il y en avait plein la daubière où tante Angélique avait fait cuire autrefois ce fameux coq, qui avait amené entre la tante et le neveu la terrible scène qu'en son lieu et place nous avons racontée.

Pitou compta les louis.

Il y en avait quinze cent cinquante.

Pitou était donc riche de 1,550 louis, c'est-à-dire de 37,200 livres.

Or, comme le louis d'or valait à cette époque 920 livres en assignats, Pitou était donc riche de 1,426,000 livres.

Et à quel moment cette colossale fortune lui arrivait-elle ? Au moment où il était obligé, n'ayant plus d'argent pour acheter du bois, de briser, pour chauffer Catherine, le fauteuil de tante Angélique.

Quel bonheur que Pitou ait été si pauvre, que le temps ait été si froid, et que le fauteuil ait été si vieux.

Qui sait, sans cette réunion de circonstances fatales en apparence, ce qui serait arrivé du précieux fauteuil?

Pitou commença par fourrer des louis dans toutes ses poches ; puis, après avoir secoué avec acharnement chaque fragment du fauteuil, il l'échafauda dans la cheminée, battit le briquet, moitié sur ses doigts, moitié sur la pierre, finit à grand'peine par allumer l'amadou, et d'une main tremblante mit le feu au bûcher.

Il était temps, Catherine et le petit Isidor rentrèrent grelottant de froid.

Pitou serra l'enfant contre son cœur, baisa les mains glacées de Catherine et sortit en criant :

— Je vais faire une course indispensable ; chauffez-vous et attendez-moi.

— Où va donc papa Pitou ? demanda Isidor.

— Je n'en sais rien, répondit Catherine, mais à coup sûr, du moment où il court si vite, ce n'est point pour s'occuper de lui, mais de toi ou de moi.

Catherine eût pu dire :

— De toi et de moi.

IV

Ce que Pitou fait des louis trouvés dans le fauteuil de tante Angélique.

On n'a pas oublié que c'était le lendemain qu'avait lieu à la criée la vente de la ferme de Billot et du château du comte de Charny.

On se souvient encore que la ferme

était mise à prix à la somme de 400,000 livres, et le château à celle de 600,000 livres en assignats.

Le lendemain venu, M. de Longpré acheta, pour un acquéreur inconnu, les deux lots moyennant la somme de 1,350 louis d'or, c'est-à-dire de 1,242,000 francs en assignats.

Il paya comptant.

Cela se passait le dimanche, veille du jour où devait avoir lieu le mariage de Catherine et de Pitou.

Ce dimanche-là Catherine, de grand matin, était partie pour Haramont, soit qu'elle eut quelques dispositions de coquetterie à faire, comme les ont les femmes les plus simples la veille d'un mariage, soit qu'elle ne voulût pas demeurer dans une ville où l'on vendait à la criée cette belle ferme où s'était écoulée sa jeunesse, où elle avait été si heureuse où elle avait tant souffert.

C'est ce qui faisait que, le lendemain, à onze heures, toute cette foule qui attendait à la porte de la mairie, plaignait et louait si fort Pitou d'avoir épousé une fille si complétement ruinée, et qui, par-dessus le marché, avait un enfant qui devait être un jour plus riche qu'elle, était encore plus ruiné qu'elle.

Pendant ce temps, M. Longpré demandait, selon l'usage, à Pitou :

— Citoyen Pierre-Ange Pitou, prenez-vous pour votre femme la citoyenne Anne-Catherine Billot?

Et à Catherine Billot :

— Citoyenne Anne-Catherine Billot, prenez-vous pour votre époux le citoyen Pierre-Ange Pitou?

Et tous deux répondirent : *Oui*.

Alors, quand tous deux eurent répondu : Oui, Pitou, d'une voix pleine d'émotion; Catherine, d'une voix pleine de sérénité; quand M. de Longpré eût proclamé, au nom de la loi, que les deux jeunes gens étaient unis en mariage, il fit signe au petit Isidor de venir lui parler.

Le petit Isidor, posé sur le bureau du maire, alla droit à lui.

— Mon enfant, lui dit M. de Longpré, voici des papiers que vous remettrez à votre maman Catherine, lorsque votre papa Pitou l'aura reconduite chez elle.

— Oui, Monsieur, dit l'enfant; et il prit les deux papiers dans sa petite main.

Tout était fini; seulement, au grand étonnement des assistants, Pitou tira de sa poche cinq louis d'or, et les remettant au maire :

— Pour les pauvres, monsieur le maire, dit-il.

Catherine sourit.

— Nous sommes donc riches? demanda-t-elle.

— On est riche quand on est heureux, Catherine, répondit Pitou, et vous venez de faire de moi l'homme le plus riche de la terre.

Et il lui offrit son bras, sur lequel s'appuya tendrement la jeune femme.

En sortant, on trouva toute cette foule que nous avons dit à la porte de la mairie.

Elle salua les deux époux par d'unanimes acclamations.

Pitou remercia ses amis et donna force poignées de main ; Catherine salua ses amies et distribua force signes de tête.

Pendant ce temps, Pitou tournait à droite.

— Où allez-vous donc, mon ami? demanda Catherine.

En effet, si Pitou retournait à Haramont, il devait prendre à gauche par le parc.

S'il rentrait dans la maison de tante Angélique, il devait suivre tout droit par la place du château.

Où allait-il donc en descendant vers la place de la fontaine?

C'est ce que lui demandait Catherine.

— Venez, ma bien-aimée Catherine,

dit Pitou ; je vous mène visiter un endroit que vous serez bien aise de revoir.

Catherine se laissa conduire.

— Où vont-ils donc? demandaient ceux qui les regardaient aller.

Pitou traversa la place de la Fontaine sans s'y arrêter, prit la rue de l'Ormet, et, arrivé à l'extrémité, tourna par cette petite ruelle où, six ans auparavant, il avait rencontré Catherine sur son âne, le jour où, chassé par sa tante Angélique, il ne savait à qui demander l'hospitalité.

— Nous n'allons pas à Pisseleux, j'espère, demanda Catherine en arrêtant son mari,

— Venez toujours, Catherine, dit Pitou.

Catherine poussa un soupir, suivit la petite ruelle et déboucha dans la plaine.

Au bout de dix minutes de marche, elle était arrivée sur le petit pont où Pitou l'avait trouvée évanouie le soir du départ d'Isidor pour Paris.

Là, elle s'arrêta.

— Pitou, dit-elle, je n'irai pas plus loin.

— Oh! mademoiselle Catherine, dit Pitou, jusqu'au saule creux seulement.

C'était le saule où Pitou venait chercher les lettres d'Isidor.

Catherine poussa un soupir et continua son chemin.

Arrivée au saule :

— Retournons, dit-elle, je vous en supplie.

Mais Pitou en posant la main sur le bras de la jeune fille :

— Encore vingt pas, mademoiselle Catherine, dit-il, je ne vous demande que cela.

— Ah! Pitou, murmura Catherine, d'un ton de reproche si douloureux que Pitou s'arrêta à son tour.

— Oh! Mademoiselle, dit-il, et moi qui croyais vous rendre si heureuse !

— Vous croyiez me rendre heureuse, Pitou, en me faisant revoir une ferme où j'ai été élevée, qui a appartenu à mes parents, qui devait m'appartenir, et qui, vendue hier, appartient maintenant à un étranger dont je ne sais pas même le nom.

— Mademoiselle Catherine, encore vingt pas, je ne vous demande que cela.

En effet, ces vingt pas, en tournant l'angle d'un mur, démasquaient la grande porte de la ferme.

Sur la grande porte de la ferme étaient groupés tous les anciens journaliers, garçons de charrue, garçons d'écurie, filles de ferme, père Clouïs en tête.

Chacun tenait un bouquet à la main.

— Ah! je comprends, dit Catherine, avant que le nouveau propriétaire soit arrivé, vous avez voulu m'amener une dernière fois ici pour que tous ces anciens serviteurs me fassent leurs adieux.

— Merci, Pitou.

Et quittant le bras de son mari et la main du petit Isidor, elle alla au-devant de ces braves gens, qui l'entourèrent et l'entraînèrent dans la grande salle de la ferme.

Pitou prit le petit Isidor entre ses bras, l'enfant tenait toujours les deux papiers dans sa main, et suivit Catherine.

La jeune femme était assise au milieu

de la grande salle, se frottant la tête avec les mains, comme lorsqu'on veut s'éveiller d'un songe.

— Au nom de Dieu, Pitou, fit elle, les yeux égarés et la voix fiévreuse, que me disent-ils donc? — mon ami, je ne comprends rien à ce qu'ils me disent?

— Peut-être les papiers, que notre enfant va vous remettre vous en apprendront-ils davantage, chère Catherine, dit Pitou.

Et il poussa l'enfant du côté de sa mère.

Catherine prit les deux papiers de ses petites mains.

— Lisez, Catherine, dit Pitou.

Catherine ouvrit un des deux papiers au hasard, et lut :

« Je reconnais que le château de Bour-
« sonnes et les terres en dépendant, ont
« été achetés et payés par moi, hier,
« pour le compte de Jacques-Philippe
« Isidor, fils mineur de mademoiselle
« Catherine Billot, et que c'est par con-
« séquent à cet enfant que le dit château
« de Boursonnes et lesdites terres en dé-
« pendant appartiennent en toute pro-
« priété.

« *Signé :* DE LONGPRÉ,

« maire de Villers-Cotterêts. »

— Que veut dire cela, Pitou? demanda Catherine, vous devinez bien que je
ne comprends pas un mot de tout cela,
n'est-ce pas?

— Lisez l'autre papier, dit Pitou.

— « Je reconnais que la ferme de Pisseleux et ses dépendances ont été achetées et payées par moi, hier, pour le compte de la citoyenne Anne-Catherine Billot, et que c'est par conséquent à elle que la ferme de Pisseleux et ses dépendances appartiennent en toute propriété.

Signé : DE LONGPRÉ,

maire de Villers-Cotterêts. »

— Au nom du ciel ! s'écria Catherine, dites-moi ce que cela signifie, ou je vais devenir folle.

— Cela signifie, dit Pitou, que grâce au mille cinq cents louis d'or trouvés avant-hier dans le vieux fauteuil de ma tante Angélique, fauteuil que j'ai brisé pour vous chauffer, à votre retour de l'enterrement ; la terre et ce château de Boursonnes ne sortiront pas de la famille Charny, et la ferme et les terres de Pisseleux, de la famille Billot.

Et alors Pitou raconta à Catherine ce que nous avons déjà raconté au lecteur.

— Oh ! dit Catherine, et vous avez eu le courage de brûler ce vieux fauteuil, cher Pitou, quand vous aviez mille cinq cents louis pour acheter du bois.

— Catherine, dit Pitou, vous alliez rentrer, vous eussiez été obligée d'attendre pour vous chauffer que le bois eut été acheté et apporté, et vous eussiez eu froid en attendant.

Catherine ouvrit les deux bras, Pitou y poussa le petit Isidor.

— Oh! toi aussi, toi aussi, cher Pitou, dit Catherine, et d'une seule et même étreinte, Catherine pressa sur son cœur son enfant et son mari.

— Oh! mon Dieu! murmura Pitou, étouffant de joie, et en même temps donnant une dernière larme à la vieille fille; quand on pense qu'elle est morte de faim et de froid!

Pauvre tante Angélique.

— Ma foi, dit un bon gros charretier à une fraîche et jolie fille de ferme, et lui montrant Pitou et Catherine : — En voilà deux qui ne me paraissent pas destinés à mourir de cette mort-là.

FIN.

TABLE

DU DIX-NEUVIÈME VOLUME.

Chap. I.	Le Procès (*Suite*.)	4
II.	La légende du roi martyr.	41
III.	La légende du roi martyr (*Suite*).	53
IV.	La légende du roi martyr (*Suite*).	404
V.	L'Avis.	481

ÉPILOGUE.

I.	Ce que faisaient le 15 février 1794 Ange-Pitou et Catherine Billot.	213
II.	De l'effet produit sur tante Angélique, par l'annonce du mariage de son neveu avec Catherine Billot.	243
III.	Le fauteuil de tante Angélique.	285
IV.	Ce que Pitou fait des louis trouvés dans le fauteuil de tante Angélique.	287

Imp. de Munzel frères à Sceaux (Seine.)

Ouvrages de Gondrecourt.

Le baron Lagazette	5 vol.
Le chevalier de Pampelonne	5 vol.
Mademoiselle de Cardonne	5 vol.
Les Prétendans de Catherine	5 vol.
La Tour de Dago	5 vol.
Le Bout de l'oreille	7 vol.
Un Ami diabolique	3 vol.
Médine	2 vol.
La Marquise de Candeuil	2 vol.
Le Légataire	2 vol.
Le dernier des Kerven	2 vol.
Les Péchés mignons	5 vol.

Ouvrages divers.

Le Coureur des bois, par *Gabriel Ferry*	7 vol.
Les Crimes à la mode, par *André Thomas*	2 vol.
Le Mauvais Monde, par *Adrien Robert*	2 vol.
Une Nichée de Tartufes, par *Villeneuve*	3 vol.
La famille Aubry, par *Paul Meurice*	3 vol.
Louspillac et Beautrubin, par *le même*	1 vol.
Le Tueur de Tigres, par *Paul Féval*	2 vol.
Une Vieille Maîtresse, par *Barbey d'Aurevilly*	3 vol.
Les Princes d'Ebène, par *G. de la Landelle*	5 vol.
L'Honneur de la famille, par *le même*	2 vol.
Un Beau Cousin, par *Maximilien Perrin*	2 vol.
Le Roman d'une femme, par *A. Dumas fils*	4 vol.
Faustine et Sydonie, par *Mme Charles Reybaud*	3 vol.
Le Mari confident, par *madame Sophie Gay*	2 vol.
Georges III, par *Léon Gozlan*	3 vol.
Sous trois rois, par *Alexandre de Lavergne*	2 vol.
Trois reines, par *X. B. Saintine*	2 vol.

Fontainebleau, imp. de E. Jacquin.

www.ingramcontent.com/pod-product-compliance
Lightning Source LLC
Chambersburg PA
CBHW071328150426
43191CB00007B/655